推进国家治理体系现代化：
芬兰实践的考察

TUIJIN GUOJIA ZHILI TIXI XIANDAIHUA:
FENLAN SHIJIAN DE KAOCHA

郑德涛　林应武　主编

中山大学出版社
SUN YAT-SEN UNIVERSITY PRESS
·广州·

版权所有　翻印必究

图书在版编目（CIP）数据

推进国家治理体系现代化：芬兰实践的考察/郑德涛，林应武主编. —广州：中山大学出版社，2015.10
 ISBN 978 - 7 - 306 - 05459 - 3

Ⅰ. ①推… Ⅱ. ①郑… ②林… Ⅲ. ①行政管理—芬兰—文集 Ⅳ. ①D753.13 - 53

中国版本图书馆 CIP 数据核字（2015）第 227529 号

出 版 人：徐　劲
策划编辑：赵　婷
责任编辑：赵　婷
封面设计：林绵华
责任校对：刘丽丽
责任技编：黄少伟
出版发行：中山大学出版社
电　　话：编辑部 020 - 84111996，84113349，84111997，84110779
　　　　　发行部 020 - 84111998，84111981，84111160
地　　址：广州市新港西路 135 号
邮　　编：510275　　传　真：020 - 84036565
网　　址：http://www.zsup.com.cn　E-mail:zdcbs@mail.sysu.edu.cn
印刷者：广东省农垦总局印刷厂
规　　格：787mm×960mm　1/16　12 印张　226 千字
版次印次：2015 年 10 月第 1 版　2015 年 10 月第 1 次印刷
印　　数：1～1000 册　　定　价：30.00 元

如发现本书因印装质量影响阅读，请与出版社发行部联系调换

编 委 会

主　　编：郑德涛　林应武
副 主 编：陈康团　国亚萍
编　　委：郑德涛　林应武　陈康团　国亚萍
　　　　　谭　俊　肖　滨　李　华　何艳玲
　　　　　应国良
执行编辑：李　华　应国良　朱雅婧

芬兰六期开班合影

在芬兰的集体照

在坦佩雷市政厅学习

广东价值观小组讨论

和圣诞老人的合影

拓展留念

目 录

第一部分 廉政建设与公共管理

对行政监察权力行使的一点思考 …………………………… 曾韵湘（1）
从芬兰模式看公共管理的公平与效率之选 ……………… 吴玲蓉（8）
芬兰政府的经验对我国公共部门绩效评估体系借鉴作用之
　　浅析 ……………………………………………………… 亢　菁（15）
借鉴芬兰经验，进一步完善我国公务员管理机制的
　　思考 ……………………………………………………… 涂为群（22）
芬兰反腐败制度对我国廉政建设的启示 ………………… 王一民（30）
芬兰管理经验对我国的启示 ……………………………… 马燕娴（37）
芬兰财政监督管理经验的学习与借鉴 …………………… 文宇晞（44）
芬兰企业人力资源管理开发及其对我国的启示 ………… 蒋鹤苋（48）
芬兰公共部门人力资源开发管理的经验及其对广东的
　　启示 ……………………………………………………… 黄海京（54）

第二部分 产业转型升级与环境资源优化配置

芬兰文化创意产业发展及其对广东的启示 ……………… 林少珍（63）
构建创新制度和环境，推动广东转型升级
　　——以芬兰模式为借鉴 ………………………………… 郭玉凤（74）
从芬兰经验看广东实施创新驱动发展战略的政府作为 …… 华　彬（90）
芬兰公共管理理念对广东省实行最严格的水资源管理制度
　　的启示与借鉴 …………………………………………… 李湘姣（96）
从芬兰科技和产业发展历程中得到的启示 ……………… 叶超贤（105）
芬兰核电发展概况及其对我国的启示 …………………… 谭志文（113）

第三部分 社会福利与公共服务

芬兰社会福利制度初探 …………………………………… 王奎军（123）
关于芬兰社会福利制度的思考 …………………………… 李　兵（130）

欧洲国家应对人口老龄化的实践及其对我国的启示 ……… 李　燕（141）
芬兰成功的背后
　　——成功的教育 ……………………………………… 吴　敏（147）
芬兰基本公共服务对广东的启示 …………………………… 夏义兵（153）
我国与芬兰基础教育现状的比较与思考 …………………… 郑向群（161）
欧盟互联网管理的经验及其对我国的启示 ………………… 邹卫东（167）
芬兰社会福利制度的构建及其借鉴意义 …………………… 陈国栋（175）

后记 ………………………………………………………………（183）

第一部分　廉政建设与公共管理

对行政监察权力行使的一点思考

曾韵湘

行政监察，是国家行政管理的重要内容和必要环节，也是行政机关内部监督的重要形式。行使行政监察权是行政监察机关体现行政监察应有的性质和作用的重要平台和途径。文章从分析当前行政监察权在行使过程中存在的缺陷入手，借鉴芬兰在行政监察方面的成功经验，提出加强我国行政监察权行使的对策和建议。

一、问题的提出

我国的行政监察机构自恢复重建以来，逐步发挥其监督检查职能，对促进政府廉政勤政建设起到了重要作用。特别是 20 世纪 90 年代以来，随着反腐败斗争的深入发展，以 1993 年党中央决定中央纪委和监察部合署办公、1997 年全国人大常委会通过《中华人民共和国行政监察法》、2010 年 6 月全国人大常委会修订该法并确定派出机构对监察机关负责等事件为重要标志，我国进一步完善了行政监察法律，推动了行政监察体系建设、制度建设和机构建设，行政监察权逐步得到加强。行政监察权的加强无疑对于当前的反腐败工作具有极为正面的影响，但我们不得不有这么一个疑问：行政监察机关监督其他行政机关，那么谁又来监督行政监察机关呢？我国法律尚无明文规定，按《行政监察法》第七条可以理解为上级监察机关和本级人民政府，以上级监察机关为主。而本级人民政府由政府首长与各职能部门组成，其监察职能部门就是监察机关，因此本级人民政府对监察机关的监督是"自己监督自己"；上级监察机关与监察机关可以说是"老子"与"儿子"的关系，这种监督类似于"家庭内部监督",很难做到公平、公正、公开。因此,目前我国对行政监察权尚未建立有效的监督机制。

英国著名历史学家阿克顿有这样一句名言:"权力导致腐败,绝对的权力导致绝对的腐败。"行政监察权同样如此,尽管设置这种权力的初衷和目的是防止和惩治腐败,但如果得不到有效监督,也必然制造腐败。由于中央和地方纪委和监察机关合署办公,纪委书记是监察机关实质上的"行政首长",近年来一些地方的纪委书记用自身的蜕化变质再次证明了阿克顿这句名言的正确性。如湖南省郴州市纪委书记曾锦春,将行政监察权运用到了极致,"说立案就立案,说'双规'就'双规',说放人就放人",行政监察权变成了个人收取保护费、敲诈勒索的工具。更高级别的有曾先后任广东省纪委书记、浙江省纪委书记的王华元,也大肆用行政监察权来进行钱财交易、牟取私利。在此背景下,就连一些基层的乡、镇纪委书记也有了为所欲为的欲望和冲动,如安徽省桐城市范岗镇纪委书记李成富,因看病与医生有点小摩擦,便大打出手,并叫嚣"我是纪委书记我怕谁"。令人震惊的事实证明,失去有效监督的行政监察权一旦滥用,其社会后果更为严重,必须引起高度警惕。

与此同时,立法界、理论界、行政监察实务界和公民至今很少将注意力放到对行政监察权的监督问题上来,而是绝大多数将视角放在如何强化行政监察权、扩大反腐败成果上。更有甚者,如2010年佛山市纪检监察干部业务研修班成员在《南方日报》发文公开呼吁,将市检察院反贪污贿赂局、反渎职侵权局与监察、审计职能重组合并,组建市监察审计和反贪局,与市纪委合署办公,让行政监察权、党内监察权和司法侦查权合为一体。有鉴于此,研究行政监察权的行使问题不仅意义重大,而且时间紧迫。如果不能及早研究这个问题,并逐步建立完善相关机制,势必会导致更多的曾锦春、王华元之流,直接影响到行政监察机关的公信力,影响到反腐败的成效,影响到依法治国的实现。笔者从分析当前行政监察权在行使过程中存在的缺陷入手,借鉴芬兰在行政监察方面的成功经验,提出加强我国行政监察权行使的对策和建议。

二、欲说还休的尴尬

随着政治、经济的发展,我国现行的行政监察制度凸显了许多亟待解决的问题,与法治发达国家相比,我国现行行政监察制度存在许多不成熟和亟须完善的地方,也使其在实际操作运行中陷于尴尬的处境。

（一）作为依法行使监察职能的机关，它的法律体系有待完善

具有准司法性的行政监察组织，它所处理的问题主要是政纪监察，在处罚范围和执行方式上同司法部门存在差异。一方面，与检察机关相比，行政监察机关主要是对国家公职人员的一般轻微违法行为进行调查处理，更加强调日常的监察工作，而检察机关则负责对公职人员违法达到犯罪程度的行为侦查起诉；另一方面，不同于"不告不理"的司法被动性机制，行政监察具有较强的能动性，有着防治腐败的功能。此两点反映出我国的行政监察机关应然且能够以不同于司法机关的方式，起到司法机关所不可替代的作用。但从目前的监察现状来看，除了执行和配合中央下发的联合专项检查或特别规范的重大事项外，监察机关没有监察常规化的自主意识和有效机制，作用也停留在立案和向司法部门移交处理等部分功能上。越将主要精力用于查处重大案件，日常行政监察的作用越会受到忽略，行政监察的主动监督优势无法得到有效的发挥。引发问题的关键在于，监察机关和司法部门二者之间的职责权限缺乏区分，职能的重叠或空当只会让二者的功能失效。因此，如何让行政监察机关同司法机关做好权限交接，如何在法律法规允许的范围内进行"自由裁量"并做好预防措施，需要规范的法律条文来确认。而目前有关具体行政监察活动的法律法规只有《行政监察法》及《行政监察法实施条例》。许多监察法律不规范、不健全，立法工作不及时、相对滞后，已成为违纪违法问题时有发生的直接原因。诸如公务员腐败、"官僚主义"严重等现象、大额现金交易、行政审批项目过多且效率低下、干部人事制度落后、财政金融监管乏力、行政问责形式主义等问题，都需要配套的法律法规加以规范和约束。

（二）作为处于政府序列的监察机关，它的独立性和权威性经受考验

不同于司法监督、社会监督等外部监督形式，行政监察设在政府内部，成为政府的组成部门之一，这种行政属性虽然有利于熟悉政府的工作情况、收集情报和实施监督，但如果该级行政机关不愿披露本机关的违法乱纪行为，人为地设置各种障碍，行政监察机关的监察决定或建议则很难强制执行，并且在缺少充分自主权的情况下，也很难排除行政监察机关及其人员由于受部门利益的影响，包庇甚至伙同其监察对象违法乱纪的可能性。这是因为行政监察机关作为一级政府的职能部门，接受着一级政府的领导，却要针对本级政府及其公务员和本级政府任命的其他人员实施监察，在人事和经费运作都由本级政府决定，而自身又缺乏相对的独立性和相当的制衡力量时，监察机关的权威形同虚

设，内部监督的优势地位无法得到有效体现。

（三）双重领导体制导致现实的功能困境

按照行政监察法的相关规定，县级以上地方各级人民政府监察机关同时接受本级人民政府和上一级监察机关的领导。在此种双重领导体制下，监察机关能否及怎样行使监察职能，在很大程度上取决于上级领导和所在地人民政府的支持和配合。行政监察机关领导管理体制的核心问题，就是如何处理行政监察机关与政府、行政监察系统内部上下级之间的关系问题，即"条块"关系问题。从实际情况来看，新修改的行政监察法，为加强派出监察机构的独立性，规定"监察机关派出的监察机构或监察人员对监察机构负责并报告工作，由监察机关对派出的机构和人员实行统一管理"，其中并未涉及派出监察人员待遇与被监察部门脱钩的问题。目前，派出监察人员的人事与被监察单位脱钩，但工资待遇等还由被监察单位负责。地方政府或所在部门在实际工作中对监察机关与部门的制约性很强，监察机关更加不能摆脱所在政府或政府部门的影响与控制。这种以"块"为主的管理体制，使各级监察机关容易受到来自地方各方面的"说情"风和关系网的干扰阻挠，如果领导对某些情况或案件持宽容或包庇态度，监察机关的工作则会受到阻碍；甚至在有些情况下，领导本身就是案件的参与者或利益获得者，更会对监察工作设置各种障碍。由此可见，双重领导体制，准确来说是这种以"块"为主的管理体制，有形或无形地制约着监察机关依法独立行使监察权。

三、比较中的启示

（一）芬兰对政府权力监督制约机制的主要构建

地处北欧的芬兰，自1995年以来的16年间，在"透明国际"组织的清廉指数排行榜上有11年排在前两位（见表1）。

表1 "透明国际"组织历年公布的芬兰清廉指数

年　度	清廉指数	排　名	国家（地区）数
1995	9.12	4	41
1996	9.05	4	54
1997	9.48	2	52

续表

年 度	清廉指数	排 名	国家（地区）数
1998	9.6	2	85
1999	9.8	2	99
2000	10.0	1	90
2001	9.9	1	91
2002	9.7	1	102
2003	9.7	1	133
2004	9.7	1	145
2005	9.6	2（与新西兰并列）	158
2006	9.6	1（与冰岛、新西兰并列）	163
2007	9.4	1（与丹麦、新西兰并列）	179
2008	9.0	5（与瑞士并列）	180
2009	8.9	6（与荷兰并列）	180
2010	9.2	4（与瑞典并列）	178

芬兰的腐败案件少，各种行之有效的制约监督机制起着十分重要的作用。权力之间的相互制衡和无处不在的监督，有效抑制了公职人员的腐败动机和侥幸心理，使严格的制度得到了严格执行。

1. 议会监察专员的监督

芬兰的国家立法权由议会和总统共同行使。一院制的议会作为国家最高权力机关和立法机关，主要职能是立法、监督政府、监督财政，通过弹劾制度和问责制对行政权力进行制约。议会对预算的审查和监督十分严格，资金变通使用的弹性空间很小。政府的采购合同、工程合同都须经过议会批准。芬兰宪法规定，由议会监察专员独立行使监督权，监督行政和司法机关，并设立了议会监察专员署。议会监察专员一般从无党派且熟悉法律、秉性正直、社会威望高的知名人士中选出，通常是律师或法官。议会监察专员监督政府官员及其他公共官员执行公务的合法性，监督法院和行政机构以及公共团体的工作人员的奉公守法情况，有调查权、视察权、建议权和起诉权，除每年向议会报告工作外，日常工作不受议会指挥。

2. 司法大臣的监督

根据芬兰1919年宪法规定，司法大臣由总统任命，有较强的独立性，虽表面上应属于行政机关内部救济机构，但实际上是一个独立的监察机构，不属于立法、行政和司法部门的任何部门。司法大臣的主要任务是监督总统和内阁遵守宪法和法律,他可以列席总统例会、内阁例会等一切重要会议,有权对总统、内阁成员的行为及有关决定的合法性予以提醒和指控。在现实运行中,监察专员和司法大臣这两个权责范围相似甚至部分重叠的监察机构就涉及如何协调的问题。在职责分工方面,为减轻司法大臣的负担,从1933年开始,来自监狱和军队的申诉转交监察专员处理,有时司法大臣认为某些案件由监察专员处理更为妥当,也可以转交监察专员处理;大量的视察工作,如对政府机构、监狱、法院和其他机构的视察,也由监察专员承担,司法大臣每年只针对特定主题进行视察。从功能上,监察专员和司法大臣相互补充,共同构成预防和监督公共官员违法犯罪行为的两道防线。如果哪一道防线因为某种原因力量较弱,另一道防线则可以弥补其不足。正是这两道坚固厚实的防线,连同其他有效的监督机制和措施,保障了芬兰法律的严格遵守和有效执行,使芬兰成为世界上法治程度较高、廉洁程度较高的国家之一。

(二) 加强我国行政监察权行使的意见和建议

1. 健全行政监察法制

为了使监察机关的职能得到充分实现,必须通过国家立法,健全行政监察法制,完善监察法规体系,变柔性监督为刚性监督。用人大立法为行政监察委员会的设立等提供法律支撑。与此同时,在新修订的《行政监察法》的基础上,制定相配套的法律法规,尽快出台《〈行政监察法〉实施细则》,建立监察人员身份权益保障制度。当前来说,应根据新形势下社会变化和发展的要求,抓紧对某些监察法规、规章进行清理,并出台新的适应监察工作需要的法律、规章。在此基础上,应抓紧制定出《行政程序法》、《财产申报法》、《国家监督法》等一系列相配套的法律、法规和规章,做到有法可依,把我国的行政监察工作纳入法制化的轨道,切实保障监察工作的顺利开展及其职能作用的有效发挥,使得监察机关既不能失职,又不能越位,做到依法监察,从而推动行政法治、依法治国的进程。《行政监察法》作为行政监察活动的基本法律规范,只是对行政监察行为做了原则性的规定,存在一些不够明确、具体之处,其在实际中的贯彻与运用,还有赖于一系列的实施细则作出具体的规定和解释。对于当前最急迫需要解决的问题,如派出机构的设置、监察干部的任免、监察机关的调查措施、重要监察决定报请上级监察机关同意、提请法院冻结存款等方面,应在立法中予以明确。

2. 赋予行政监察机关独立的宪法地位

借鉴芬兰的经验,将人大的监督权与行政监督权合并行使,设立行政监察委员会,并实行垂直领导体制。在全国和地方各级人大常务委员会设立行政监察专门委员会部门,与其他专门委员会一样对全国人大负责并报告工作。同时在领导体制上,将现行的双重领导改为垂直领导,上级监察委员会完全领导下级监察委员会的工作。在各行政部门、事业单位、人民团体等行政监察对象中设立的派出机构,对各级监察委员会负责;监察人员的工资、使用、调配交流均由各级监察委员会自己完全负责;监察机关的经费由国家财政全额拨付,不受地方掣肘。只有这样,才能保证监察机关的独立性、公正性和统一性,同时也明确了立法机关的监督权,加强了立法机关的权威性,符合法治精神。

3. 完善对行政监察权以及监察官的监督制度

行政监察机关作为行政机关,其行使的职权理应受到司法监督。但就当前的实际,需要解决以下几个问题:一是针对纪检监察机关利用合署办公的条件,规避成为行政诉讼被告的问题。在纪检、监察分开的条件下,将行政监察机关作出的具体行政行为纳入可诉范围;在目前纪检、监察仍没有分开的情况下,以执政党的名义发布文件,规定在既是监察机关监察对象又是纪委审查对象的情况下,必须使用监察机关的名义,以便司法审查和监督。避免纪检监察机关滥用权力、以权谋私等违纪违法情况发生,并为以后纪检监察分开奠定基础。二是行政监察机关违法作出的监察行政强制措施,侵犯了相对人的合法权益的,应允许相对人提起诉讼。三是行政监察机关违法作出的监察决定,侵犯了相对人的权益的,应允许相对人寻求司法救济。

参考文献

[1] 王凯伟. 行政监察的理论与实践 [M]. 长沙:湖南人民出版社,2002.

[2] 左连璧. 中国监察制度研究 [M]. 北京:人民出版社,2004.

[3] 安媛媛. 试论引入议会行政监察专员制度对我国的现实意义 [J]. 人大研究,2004 (12).

[4] 林伯海. 关于建立人大监督专员制度的思考 [J]. 人大研究,2002 (10).

[5] 伍劲松. 我国行政监察制度之缺失与完善 [J]. 学术论坛,2001 (6).

[6] 广东挺起省直纪监部门"腰杆" [N]. 南方日报,2009 – 06 – 15.

[7] 中国法院网. 解读修改后的《行政监察法》 [EB/OL]. http://www.chinacourt.org/html/article/201012/03/438361.shtm,2010 – 12 – 03.

从芬兰模式看公共管理的公平与效率之选

吴玲蓉

价值目标反映了公共管理的基本原则。从利益分析角度看,公平与效率是公共管理的基本价值目标,二者相互依存、相互制约。但是,效率与公平总是难以两全,公共管理往往因为对公平与效率的抉择而呈现不同的模式及效果。

一、传统公共管理学与新公共管理学的公平、效率之选

传统公共管理学以威尔逊、古德诺的"政治—行政"二分法、韦伯的科层制理论为理论基础,表现出"效率至上"的特征,随着官僚制政府谋求自身利益倾向的出现,传统公共管理逐渐失效,不断表现出机构臃肿、效率低下、反应迟钝、腐败滋生等弊端。自20世纪30年代末起,"政府失败"论开始占据主导地位。20世纪70年代,在持续的经济危机影响下,西方掀起了一场声势浩大的公共管理改革运动,以公平为核心的新公共管理学应运而生,它采用私营企业管理的理论、方法及技术,引入市场竞争机制,通过规范政府权力、调动社会活力来实现社会整体公平,对传统的公共管理模式进行了清算和否定。

二、芬兰新公共管理的公平、效率之选

在新公共管理改革运动中,由于各国政治传统、历史渊源不同,选择的具体措施和方式也各有不同,从现有模式来看,主要分英美模式和北欧模式。与英美模式相比,北欧模式体现出更强烈的公平特征。20世纪90年代后期,北欧小国芬兰的一些高级公务员对于全面改组政府提出了一些想法,包括政府是代表全体社会成员利益的组织、政府为所有相关利益者直接提供服务等等,这些设想最终在1998年形成了一个名为"高质量的服务,好政府以及负责的市民社会"的方案,表明芬兰的公共管理改革已经从仅追求效率转向更注意社会公平等方面的内容,并在实践中形成独具特色的芬兰模式。尽管芬兰模式有

其弊端,但它表现出了政府、市场和社会是如何共同孕育公平的发展结果所需要的制度、政策和环境。

(一) 改革行政体制,分散政府权力

公共管理依赖于组织结构的合理性。传统公共管理层次繁多,各部门封闭分割,决策和信息传递速度缓慢,团队缺乏协作精神。新公共管理主张采取权力下放、减少管理层级的分权式模式,政府组织不再是行使公共管理权力的唯一主体,私营组织、社会团体等非政府组织也可以参与公共决策、公共管理和公共服务。这种模式下,权力分散而决策、执行效率加快,能更充分体现公众需求,从而有效缓解了政府的决策风险和管理压力。

芬兰是中央集权制和多党执政体制国家,在这种体制下,政党间的平衡是最大的问题。1991 年,芬兰最主要的贸易伙伴苏联的解体使芬兰发生严重的经济危机,GDP 下降 20%,失业率一度达 12%。1993 年,芬兰将中央的部和办事机构的权力进行大规模的分权和下放,部分具有商业功能的办事机构国有化,部分公共服务和管理权限转移给私营组织和第三部门。1994 年,芬兰分为 12 个省、455 个自治市;1997 年后,12 个省改为 6 个省;2010 年,分为 6 个省、342 个自治市,政府逐步从集权式向分权式转变,地方拥有了更大的自主权和自治权,尤其是在公共服务和医疗卫生服务方面获得更多的权力和任务。但随着福利社会和分权的日益发展,公共服务产生了新的需求和问题。由于芬兰地广人稀,许多自治市规模太小,不能很好地完成本级政府职责,而且工作被分到很小的管理单位,产生了"灰色地带"风险,也难以确保政府服务的持续性和平等性。自万哈宁政府以来,芬兰着力大幅减少自治市的数量,而卡泰宁政府计划将自治市的数量减少至 70 个,以提高自治市的管理效率和公共服务的平等、全面覆盖率。

(二) 绩效管理政府,坚持顾客导向

传统公共管理学主张明确政策目标,并设立衡量政策目标实现程度的绩效指标,由政府控制评估过程,但由于其官僚制特征,这种评估多注重过程,而很少衡量结果,也很少取得效果,难以体现公众的愿望和需求。新公共管理学主张政府在公共管理中扮演"掌舵者"而非"划桨者",把顾客满意和绩效作为衡量政策执行是否成功的标准。

1. 公共政策以需求为目标

传统公共管理以效率为目标,忽视了公共管理所应负的广泛的社会责任,其结果是,在经济获得发展的同时,普遍存在着失业、贫穷、疾病、无知和绝

望，构成了对现有政治制度的根本威胁。新公共管理主张将"效率至上"转为"公平至上"，强调公共管理的顾客导向，将顾客需求作为公共部门存在、发展的前提和公共部门设计方案时遵循的目标。实践证明，只有建立对下负责的机制，才能为公共管理带来持久的活力和动力。芬兰具有福利主义传统，众所周知，福利主义与平等的价值观密切联系，相较英美等国家，芬兰在福利主义上推进得更深。在芬兰，社会福利是公民的权利，国家为公民在养老、医疗、教育、居住、子女抚养、就业援助甚至休假等方面提供多种福利项目，缩小了居民间收入分配以及生活水平方面的差距，保护了社会弱者参与社会经济生活的起点公平和机会公平。与其他西方国家相比，芬兰的公共商品和服务支出占GDP的百分比显得非常高。早在1919年宪法中，芬兰就要求实施免费基础义务教育及高等教育，目前，芬兰是世界上最进步的知识经济体之一，每1000个就业人口中约有24人与研发有关，居世界之最。在新公共管理改革浪潮中，为克服经济危机，芬兰通过对收入进行再分配的福利政策弥补社会成员间的贫富差距，并采取高税收政策来维持高额公共开支。一般情况下，个人的各种税收约占个人工资收入的35%，税负水平要比欧盟平均水平和其他发达国家高一些，但对于纳税人则充分体现了税收公平负担的原则，因为有完备的社会福利，广大纳税人能够认可国家这种高税收的体制。

2. 政策执行以顾客为导向

（1）公众参与政府决策。传统公共管理过分强调管理主体与社会公众之间关系的不对等性，忽视了社会公众对行政活动的参与以及社会公众需求对公共管理行为的导向性作用。由于要建立全面、稳定的社会保障系统，芬兰政府认为必须使更多的公众参与到决策中来，根据公众的需要提供公共服务，并主张尽量运用较少的公共资金和其他公共资源提供更多、更好的公共服务，因此，公众参与原则成为芬兰公共管理的基本原则，如何使政策更公平地覆盖全体民众成为衡量政策成功与否的主要指标。

（2）培训高素质的管理者。公务员的素质是政策执行的关键因素。1995年后，芬兰通过市场化培训体制培训公务员，政府可以向各种培训机构甚至私营企业购买培训产品，这些企业往往在公共行政、语言及管理培训方面具有很强的竞争力。这种市场化培训机制使芬兰公务员能更广泛地吸收社会公众的需求，并有针对性地接受更为专业的培训。目前，芬兰公务员普遍掌握两种语言，外交部等部委甚至要求其属下公务员掌握四种以上语言。不同于传统文官制度的封闭性，芬兰采取"职位制"的人事制度，除外交、军事、警察等公务员实行封闭的职业体制外，其他所有公务员的招聘都是开放性的，政府一旦有职位空缺，就必须向全社会公开招聘，而不限于现职的公务人员，因此，芬兰公务人员和其他公私部门受雇者间，在身份或工作条件上均无太大差异。另外，公务员的任期也并不固定，现有公务员中，既有固定任期的，也有永久任期的。芬兰已经意识到增强人员流动性的重要性，计划在永久任期的公务员都退休后，将公务员全部改为固定任期，体现出人事管理的公平性。

（3）绩效评估公共管理。传统公共管理依赖制度来确保效率。新公共管理则推行以结果为本的绩效管理。新公共管理改革以来，西方各国普遍采取以公共责任和顾客至上为理念，以提高效率与服务质量、改善公众对政府部门的信任为目的的绩效评估措施。随着评估实践的发展，新公共管理逐步确立了经济性、效率性和效益性的3E指标，针对传统公共管理重效率轻公平的问题，近年来，"公平"指标又被加入，使评估指标从3E变成4E。1998年以来，芬兰实行成本核算和以绩效为基础的预算制度；对公务员推行绩效工资制度，将公务员绩效评估的结果与工资挂钩，打破统一的薪酬体制，绩效工资最多占到基本工资的50%，并有少量的奖励工资，以有效激发公务员的积极性，使"顾客至上"、"使服务组织展开竞争"、"创造市场动力"成为公共管理中的重点。在芬兰，《行政程序法》对公务员履行职能的过程或者程序已经做了明确的规定，公务员在履行其职能的过程中必须严格遵守法定程序，因此，芬兰政府的绩效管理主要是看管理目标的效果，绩效评估工作就变得十分重要。芬兰政府认为，绩效评估是公众表达利益和参与政府管理的重要途径与方法，而政府绩效评估与私营管理的最大区别，在于满足公众的需要和实现公共利益是第一位的、效率是第二位的，而要改善政府绩效评估现状，重要的是引入外部评估主体，因此，一些大众传媒、企业组织以及从事评估的专门机构都通过不同方式和不同渠道参与了对政府的评估。这种绩效评估方式，直接体现了政府管理对民主、法治和社会公平等价值的追求。

（4）完善外部监督机制。传统公共管理要求在机构内设置专门的考核机关，忽视了社会及公众对公共管理主体及其行为的制约和监督；相对于内部管理活动，新公共管理更强调立法部门的外在监督。2004年，芬兰政府出台了《政府问责制》，通过立法加强对行政活动的监督，使公务员管理有了新发展。

（三）行政管制以放松为趋势

传统公共管理认为行政管制的最佳效能是避免重大失败和危机，为此，传统公共管理遵循制度主义原则，在决策和执行上出现严格地甚至是严厉地要求被管理人执行规章的倾向。新公共管理关注"结果"，认为相比行政管制，市场能为社会提供更大的效益，服从规章是次要的或者不太重要的，因此，新公共管理主张以裁量取代规章，并尽量不要把公众视为管制的对象，而把他们视为合作伙伴。由于芬兰的地理和人口特征,要对被管理者的管制做到面面俱到本身就缺乏最基本的人力支持,因此,芬兰政府认为最强有力的责任体系应当是一种自我约束的信仰体系,强调建立明确的行为准则和监督实施机制。同时,芬兰政府一般会战略性地选择管制目标,集中力量瞄准最危险的事件,以保持有效对待严重违法者的能力,从而打破传统公共管理全面执法的神话。

三、公共管理的公平、效率之选

在"公平至上"的价值取向引导下,自新公共管理改革以来,芬兰的公共管理从过去更多地强调特殊集团的意志转为更多地强调社会公众的意志,从管理活动以政府自身的规则为导向转为以社会公众的需求为依归,从强调政府管理对直接维护统治的工具性作用转为强调对社会公共事务的管理及提供公共服务的服务性作用。

当然,在芬兰模式中,公平与效率两种价值目标并非完全冲突的,分权有利于增强灵活性,放松管制有助各部门机构协调一致,以顾客为导向的绩效管理极大地提高了各部委和人员的积极性,这些都极大地提高了公共管理效率。而新公共管理本身也存在不少公平与效率的矛盾:分权的目的是为提高效率,但也带来了分散主义、本位主义和保护主义以及公共开支的增加,而只有致力于促进社会公平的公共部门才能得到公众的信任;绩效管理以顾客为导向,但由于公共部门的利益是不能被量化的,且公共组织的目标经常变化,因此,对公共部门的绩效评估存在困难,并使政府可能只把注意力放在可量化的事情上;放松管制使部门各自为政的情形更为严重,并会使得它们为了实现自我利益而损害集体利益。

之所以会出现这些矛盾,本质在于,公共管理应该而且必须把公平作为自己的追求目标,但公共管理同时具有追求或要求多元的有时甚至是冲突的多元价值的特质,效率对于公共管理同样不可或缺,公共部门成立的主要目的正是为了最高效率地为社会提供公共服务。同时,必须指出的是,矛盾也可以是相互依赖的对立面,矛盾的解决可以导致一方减少,也可以形成共赢结局,公共管理改革的进程,就是社会各方力量参与,力争达到共赢的博弈过程。

四、我国公共管理对芬兰模式的借鉴

公平在我国公共管理价值体系中长期占据着主导地位,并发展出平均主义的极端形式。随着经济体制的转轨,效率开始受到广泛重视,"让一部分人先富起来"、优先发展沿海地区等政策都体现了效率价值观,这在较大程度上激发了劳动者的生产积极性,促进了我国生产力水平的提高。目前,我国正处在经济社会发展转型的关键时期,贫富差距拉大的趋势使得公平问题又开始突出,而我国贫富悬殊在很大程度上并不是公平竞争造成的公正结果,而恰恰在于不公平的竞争规则和竞争的不公平,问题的症结在于缺乏公平。因此,这个时期,我国政府的公共管理应是公平优先,这并不是不讲效率,而是指在公平与效率发生矛盾时,应首先保障公平。近阶段,可以从以下几个方面进行。

(一) 价值构建

我国政府在管理过程中,万能型政府理念还占据主导地位,政府职能存在着错位、越位和缺位。我们要理顺政府与市场的职能关系,明确政府是"掌舵者",市场是"划桨者";政府要以公众为导向,在角色上由"官僚者"转为"服务者",在管理方式上由统治走向服务,不断满足公民多元化的需求,加强对公平、民主、正义等的回应。

(二) 组织管理

我国具有高度政治集权传统,这决定了我国不可能像西方国家那样广泛分权,但是集权主导下的分权应成为当前中国行政管理体制改革的理智选择,政府应该在维护中央权威的前提下因地制宜,寻求积极的社会共同治理。要合理划分中央与地方机构的关系,建立起中央与地方相对稳定而富有弹性的动态平衡关系;要压缩垂直式组织机构,减少管理层次和管理幅度,使组织结构向扁平型方向发展;要在一定范围内允许和鼓励私营部门提供公共物品和服务,通过社会多元主体的加入减少政府规模扩大和管理垄断带来的低效与不公。

(三) 绩效管理

我国的政府绩效管理显示出很强的"自发性",迄今未能形成统一的模式和实施规范,我国的公务员制度也缺乏竞争机制、激励机制、评价机制。要建立高效的责任型政府,就要在公务员队伍中推行弹性人事制度,逐步实现公务员自然更替等机制的法定化,增加公务员制度的弹性;要对公务员进行绩效考核,把考核结果与工资、职务晋升、奖惩等利益直接挂钩,关注高效率、强责任的结果实现。

(四) 社会保障

目前,我国社会保障制度建设仍然处于初级阶段,制度不完善、体系不健全、覆盖面窄、立法滞后等问题突出，今后一段时期，必须重新确立"公平优先、兼顾效率"的价值取向，进一步改革基本养老保险制度，建立覆盖全民的基本医疗保障体系，完善城乡社会救助体系，建立适合农民的社会养老保险制度，加快社会保障立法，为社会保障发展提供法律依据。

参考文献

［1］夏镇平．跷跷板游戏——公共管理比较研究［M］．上海：上海大学出版社，2005．

［2］向文华．斯堪的纳维亚民主社会主义研究［M］．北京：中央编译出版社，1999．

［3］戴维·H.罗森布鲁姆，罗伯特·S.克拉夫丘克．公共行政学：管理、政治和法律的途径［M］．北京：中国人民大学出版社，2011．

［4］克里斯托弗·波利特，海尔特·鲍克尔特．公共管理改革——比较分析［M］．上海：上海译文出版社，2003．

［5］李文良．西方国家行政区划改革特点之分析［J］．国际关系学院学报，2009（1）．

［6］曾保根．价值取向、理论基础、制度安排与研究方法——新公共服务与新公共管理的四维辨析［J］．上海行政学院学报，2010（2）．

［7］余洁．新公共管理局限性研究［J］．科技创业月刊，2008（4）．

第一部分　廉政建设与公共管理

芬兰政府的经验对我国公共部门
绩效评估体系借鉴作用之浅析

亢　菁

20世纪80年代，西方许多发达国家将绩效管理引进政府公共部门，对各级政府、政府职能部门、公务员进行绩效管理，对公务员进行绩效评估，评估的结果与公务员的福利工资挂钩，实行绩效工资制度。北欧的芬兰政府自1995年加入欧盟后，致力于公共部门的各项改革，尤其在公务员管理方面提出了以结果为导向的绩效管理，并取得了成功，其成功经验对我国公务员绩效评估具有借鉴作用。

我国公务员考核制度是从战争年代开始逐步建立起来的，在不同的历史阶段，考核的内容和标准各有侧重。1993年颁布的《国家公务员暂行条例》标志着我国公务员制度的正式建立；1994年国家人事部出台了《国家公务员考核暂行规定》，初步建立了绩效评估制度的基本框架；2006年1月1日起施行的《中华人民共和国公务员法》规定了公务员考核的五项内容和四个等次，明确了考核结果作为公务员职务、级别、工资以及奖励、培训、辞退的依据。

多年的实践证明，对公务员进行有效的绩效管理有利于对公务员履行职责进行有效跟踪，最大限度地调动公务员的积极性，提高执政能力，促进各项政策的落实，从而提高政府效能，有利于建立服务型政府，保证政府的廉洁透明。

一、我国公务员绩效评估体系的主要问题

（一）评估指标不具体，标准不明确

公务员绩效评估指标体系的模糊化和形式化问题较突出。一是评估指标过于笼统，缺少细化、量化的二级、三级考核指标。我国公务员法规定的德、能、勤、绩、廉只是一种原则性指标，其中的德、能、勤指标都是软指标，难以量化，不好界定和把握。而且五个方面的比例权重也没有明确的规定，在实

践中往往强调德、能、勤，缺少评价实际工作成绩的客观标准，使得本应注重实绩的重要考核原则变得模糊。而考核中绩效目标的设定和分解不够严谨细致，在实际中不好操作，影响了考核的公正性。二是评估指标缺乏针对性，不能体现岗位差异。分岗位分层次进行绩效考核做得不够、不同岗位的绩效考核与实际工作联系不紧密、缺少工作分析，都是公务员绩效评估指标不能体现岗位职责的重要原因。三是考核标准不明确。在标准的界定上，工作效益高、服务态度好等模糊语言较多，描述主观状态的较多，衡量具体行为的较少，考核人员考核时必然存在相当多的主观因素，所给的评语高度概括、千篇一律。

（二）评估方法简单

一是公务员绩效考核简化为"年底评优"，为了避免公务员绩效考核中的矛盾，有些地方年终考核以年底工作总结、述职和民主测评投票的方式选优，民主测评变成了以票取人，评优变成了"轮流坐庄"，给公务员造成了不重实绩重关系的不良导向。二是重定性考核，轻定量考核。由于公务员考核指标和等次标准规定得比较笼统，公务员考核大多是描述性的定性考核，而非定量的。三是重年度考核，轻平时考核。

（三）评估主体单一

我国公务员绩效评估主体单一表现为三种情形：一是以直接上级考核为主，直接上级是政府部门最主要的考核主体，直管领导作为评估主体具有熟悉业务、熟悉部属的优势，但对反映下属真正绩效水平的很多因素可能了解不全，不但容易造成考核误差，也容易导致考核的不公正和腐败滋生。二是注重群众考核，弱化上级考核。有些公务员考核以述职和民主投票的形式进行，弱化了直接上级的作用，比较了解下属绩效表现的上级与可能不认识被考评人的群众一样，只有一票。三是注重内部评估主体，忽视了外部评估主体。公务员绩效评估通常是在同一体系内部相对封闭地进行，缺乏来自体制外的信息和监督。

（四）评估结果运用不到位

公务员绩效评估结果运用不到位表现为：在激励先进方面的效果不明显，而且缺乏有力的制度保障或措施。优秀等次轮流做，被评为优秀等次的领导发扬风格让给下属。另外，考核结果对公务员个人发展影响有限，岗位晋升、人员交流和培训与考核结果脱钩。

（五）评估系统流程缺失

造成我国公务员绩效评估流于形式的重要原因还在于绩效评估体系缺乏系统性考虑，只问结果，忽视了对绩效管理全过程的把握。一是缺乏绩效计划。绩效计划考核者和被考核者双方充分沟通的结果，代表着被考核者对于所承担的绩效责任的承诺，这一重要环节在公务员绩效考核中缺乏规定。二是未建立有效的、动态的、经常性的绩效沟通机制。三是考核反馈缺乏实质内容，绩效结果的反馈只是体现在考核等次上，被考核人对自己的工作贡献优势与不足却无从得知，因此，他们无法通过考核发现、保持和发展自己的长处，也不可能通过考核来发现和弥补自己的不足。在理念上依然停留在将考核结果作为奖惩依据，以评估结果来推动组织目标实现以及为人才成长提供积极环境的作用基本没有发挥出来。

二、芬兰政府公务员绩效评估的经验

20 世纪 90 年代，芬兰政府将绩效管理模式引入政府公共管理中，1998 年在公务员管理中开始实行绩效工资制，将公务员绩效评估的结果与公务员工资挂钩。由于现代管理行为的发展，管理的目标更加强调政府管理的任务和政府责任，管理内容的多元化、战略目标的产出、实际操作上的绩效目标等方面都有了明显的改变。2004 年，芬兰政府出台了《预算法》，并发展了"政府问责制"，以结果为导向的绩效管理在芬兰公务员管理中有了新的发展。公务员的绩效评估已经成为芬兰政府绩效管理过程的关键环节，绩效信息的有效沟通和绩效目标的有效跟踪等方面的成功经验值得借鉴。

在芬兰，"行政程序法"对公务员履行职能的过程或者程序作了明确的规定，公务员在履行其职能的过程中必须严格遵守法定程序，因此芬兰政府的绩效管理主要是看管理目标的效果，绩效评估工作就变得十分重要了。

（一）评估机构

芬兰公务员绩效评估制度能够有效推进，主要依靠评估机构得力的组织，使制度落到实处、发挥效力。中央审计办公室根据《预算法》，在财政预算的基础上，对中央政府各部门和地方政府进行绩效审计和问责。公务员年度绩效评估由财政部的人力资源职能部门（该部门统管公务员的招聘和管理）部署和安排，而各单位的人力资源部门和公务员的直接领导负责具体的评估工作，如果涉及工薪问题，还要与工会协商。

（二）评估程序

芬兰政府公务员的绩效管理包括计划的制定、实施和跟踪及绩效评估等环节，特别重视绩效信息的沟通及评估程序的科学性。

1. 制定部门的年度目标

每年9月，各政府部门根据所承担的职能和内阁的战略计划制定下一年度的工作目标，提出工作质量要求，分析实现目标的可行性和具体措施，编制经费预算，一并上报财政部门。在拟定部门年度目标的过程中，无论是领导者还是一般公务员，都有权充分发表意见。经过反复研究论证，达成共识后制定的年度目标，一经确定，就要无条件执行。

2. 制定个人的年度岗位目标

公务员根据本部门的年度目标，以及所承担的岗位职责，制定个人的年度目标，内容包括：将要达到的经济效益和社会效益，基本要求和最高要求，定性指标和不定性指标，所需的技术、人力、资金的支持及工作技能，等等。在制定个人岗位目标时，公务员个人与领导者会进行充分协商，反复讨价还价，最后在双方都同意的基础上，用合同方式予以确认。

3. 个人年度岗位目标落实情况的年中检查

每年6、7月份，领导者与所属公务员一起对个人年度目标的落实情况进行跟踪检查，梳理实现的与没达到的目标分别是哪些，找出影响目标实现的原因，并制定下半年的改进措施，因而对年度岗位目标的实现起到监督作用。

4. 个人年度绩效评估报告

年底，公务员根据统一安排和规定，对照个人年度岗位目标，就个人的年度绩效进行客观评价，写出评估材料，包括：年度目标总体完成情况，自认为成功和需改进的地方，本人关心的难点，等等。

5. 领导者对所属公务员进行评价

领导者从工作业绩、服务水平、工作能力、对部门目标的影响等方面，客观、综合地评价本部门每个公务员全年的绩效，并与被评估者进行反复沟通，交换意见，最后正式写出评估报告，报给本单位的内部审计委员会。

（三）绩效评估结果与绩效工资挂钩

1998年，芬兰进行工资制度改革，实行绩效工资制。公务员的工资由两部分组成，一部分是基本工资，与工作部门、内容、职位有关，另一部分是绩效工资，由公务员上年度的绩效评估结果决定，这部分工资最多占到基本工资的50%。另外还有少量的奖励工资，与公务员所属部门的绩效考核有关。中央财政会给年度绩效评估成绩突出的部门一定的奖励资金,部门领导也会将这部分资金奖励给所属公务员。通常情况下,这种奖励以精神奖励为主,不仅能激发公务员的积极性,也体现了绩效管理的基本理念。

三、健全我国公务员绩效评估体系的思考

近几年,我国很多地区对公务员考核制度进行了一些改革,开始试行条块式效能管理,取得了一定成效,但与真正的公务员绩效管理还有很大差距。芬兰政府公务员的绩效管理模式有很多值得借鉴的地方。

(一) 树立绩效评估顾客导向的价值取向

服务型政府是公众驱动、顾客导向的,服务型政府绩效评估以服务质量和社会公众需求的满足为第一评价标准,蕴含了公共责任和顾客至上的管理理念,是一种服务和顾客至上的管理机制。公务员绩效评估也应该强调服务质量和公众需求的满足,顾客满意原则应成为公务员绩效评估的首要标准。对公务员绩效高低的评价要看所做的事在多大程度上满足了公众的需求,如果提供的服务不是顾客需要的或对公众的服务性不是很强,就不能评价为高绩效。

(二) 明确公务员绩效评估的出发点和目标

公务员绩效评估的根本目的,并不在于对公务员个人的工作状况以及工作结果进行评估,而是通过提高个人绩效进而提升整个组织的绩效,有关考核配套制度的制定应围绕和服务于提升政府绩效这一根本目的。在全面开展公务员绩效评估工作前,各级领导应该清醒地认识到绩效管理的重点在于绩效的改善和政府总体目标的实现,而不仅仅是对公务员的绩效进行考核,不能把绩效评估简单地看作评价公务员业绩的工具,而应该是一套科学的管理系统,进而将公务员考核工作纳入整个政府绩效管理的总体框架,把公务员个人绩效与所在机构或部门的使命和战略联系起来。只有这样,才能使各级公务员能够明确看到自己的本职工作与本机构的使命、愿景以及总体目标之间的联系,了解自己的工作和组织要求之间的差距,同时也使政府部门各级领导根据公务员绩效对本部门总体目标实现的贡献程度来对公务员的工作绩效进行系统管理和评估。

(三) 建立分层、分类、标准化的公务员绩效评估指标体系

首先,基于职位分析,明确公务员的岗位职责。公务员绩效考核的指标和标准应该紧紧围绕个人的工作目标及岗位职责制定,量化、细化岗位职责和工

作目标需在职位分析的基础上进行。其次，根据公务员管理权限，实行分级分类考核。综合管理类、行政执法类、专业技术类公务员，以及领导职务和非领导职务公务员，职位性质和业务要求不尽相同，在考核指标体系和考核标准上应该有差别。同时，公务员所在的职务层次不同，考核内容也应有所侧重，由此形成不同类别、不同层次的综合指标体系，增强考核的可操作性。再次，细化和量化评估指标。制定考核测评表，将每个考核维度细化到至少二级指标以下，并给出具体的考核标准，成为可量化的指标，以增强考核的效度和信度。

（四）完善公务员绩效评估运行机制

1. 评估方法的优化

采取定量与定性相结合的考核方法，并加强平时考核。

2. 评估主体多元化

多元化的评估主体相互之间可以弥补自身评估信息的缺失，从而减少评估误差，政府的公共性质及其承担的社会责任也决定了其绩效评估需要来自政府外部的考核主体的参与。公务员绩效考核主体多元化，还应引入有效的服务对象评估，这里的服务对象既包括社会公众，也包括机关内部其他部门的公务员。在实践中可以通过社会调查、民意测验等方法，定期了解服务对象对政府及公务员工作的满意程度，并将其转化为公务员的工作绩效，这可以促使公务员不仅对上级负责，更重要的是对公众负责，形成人民监督和上级监督相结合的绩效推动机制。

3. 建立健全公务员绩效评估结果的使用机制

一方面，要增加对公务员考核结果使用的刚性规定，完善将考核结果与公务员奖惩、报酬和调整职务级别、晋升挂钩的机制，增强绩效评估对公务员的激励作用，使绩效评估体系对公务员形成有效导向。另一方面，绩效评估的重点应放在绩效改善和公务员的职业成长方面，应将评估结果用于公务员培训与发展、职业规划与职位轮换，毕竟，相对于社会其他职业群体而言，公务员更看重个人的政治前途和事业认可，更看重进修和培训等自身潜能开发的机会。

根据绩效评估结果，一是可以帮助公务员分析工作中存在的不足，寻找改善途径，并让绩效表现优秀的公务员得到更好的培训机会，帮助公务员在政府工作中取得职业成功。二是根据绩效评估结果帮助公务员制定职业发展计划。三是利用评估结果改善公务员与其职位的匹配度，即通过绩效评估和管理过程，将公务员放到能够真正发挥其自身优势和特长的岗位上去，从而真正做到人事相宜，实现良性职业发展。

（五）再造公务员绩效管理系统流程

公务员绩效考核是一个完整的系统，这一系统的成功运转需要各个环节的有效配合。必须将公务员绩效评估纳入政府绩效管理系统，建立包括绩效计划、绩效监控、绩效评估与绩效反馈四个阶段的系统流程，四个环节构成一个连续的螺旋上升的循环过程，上一个周期的实施为下一个绩效管理周期提供基础和依据。这个流程不是单纯地为考核而考核，而是为了提高公务员的能力和素质，在个人目标实现的基础上，达成组织目标而设计的一个工作体系，在这一系统流程中，建立主管领导与公务员之间持续有效的沟通与反馈机制，是提高公务员个人绩效的关键。

总之，绩效评估作为一种有效的治理工具，其核心理念就是把每个人的热情调动起来，从而进行有意义的事情。

借鉴芬兰经验，进一步完善我国公务员管理机制的思考

涂为群

芬兰是一个经济发达、社会管理体制比较成熟的北欧国家，形成了一套适应国家行政管理需要和当今世界发展潮流的公务员管理制度，造就了一支公正廉洁、敬业高效、富有创新意识的公务员队伍，为芬兰的成功发挥了重要作用。笔者结合前段时间在芬兰的学习考察体会，就如何借鉴芬兰经验，进一步完善我国公务员管理机制作了一些思考。

一、芬兰公务员管理制度的显著特色

（一）公务员录用制度严格、规范

在芬兰，政府公务员职位出现空缺时，必须通过媒体或网络向社会公开。确定职位所需的条件，所有符合条件的人员均可申请，从中选出候选人进行面试。招聘工作聘请专家做心理测试，尤其对高级公务员，特别注重测试其合作能力。在录用公务员时，坚持忠实可靠、待人诚实、勤劳认真的标准。对公职人员的选任有严格的标准，对具有监督职能的行政机关或司法机关的官员选任尤为严格。录用公职人员须考法律知识，上岗必须进行守法宣誓，所有进入部门工作的官员要宣誓守法，明确什么能做、什么不能做，准确把握社交和腐败的界线。公务员招聘对专业和学历有比较严格的要求，政府高级管理人员必须具有相关的高学历，如外交部的高级职务要求具有法律、政治学、史学或经济学硕士学位，同时必须具备相关政府部门的专业技术和业务能力、管理技能。通过这些严格、规范的公务员录用制度吸纳德才兼备的高素质人才，提高了芬兰公务员队伍素质和工作效能。

（二）公务员培训制度市场化、国际化

在芬兰，所有进入政府部门工作的人员都要进行系统的岗位培训，以此来

提高公务员的实际能力。对新录用人员要进行入门培训，考试合格后才能上岗。工作以后要经常接受培训，主要是提高业务知识水平和实际工作能力，包括公职人员守则和廉政等职业道德方面的教育。对晋升高级职务的，要求必须经过6个月的科学知识教育培训。芬兰的公务员培训体制是完全市场化的，培训机构也市场化，没有政府独资的行政学院或公务员学院。培训理念遵循市场化原则：把公务员培训作为一种市场，把学员看作"顾客"；依靠市场来提高培训质量，从培训项目的争取、培训课程的设置，到培训软件的开发，基本以市场运作的方式进行；提供多类型的培训项目，如出任培训、晋升培训、高级公务员培训。同时，芬兰的公务员培训积极开展国际合作，充分利用国际资源，加强国际公务员培训合作。不仅着眼于地区、国家的发展，也着眼于欧盟社会、国际社会的大背景，服务于欧盟一体化和经济全球化，具有宽广的国际视野。

（三）公务员绩效考评机制系统、全面

芬兰公职人员队伍的高素质与严格考核有直接关系。每年对公职人员的工作能力、个人素质、管理水平和廉政情况进行考评：考核内容广泛，包括工作知识和能力、品格、性情、工作责任心与热情、判断力、创造力、可靠性等。在考核中强调责任，上下负责，层层监督。例如，当涉及一项工程时，由谁提议、谁同意的、谁签的字、谁经办的、时间和地点等都要如实记录，以备案发后作为证据使用，方便责任追究。对各级领导的日常工作随时予以监督和考核。签到有明确记录，偶尔迟到者将受到口头警告，频繁迟到的将被书面警告，本人必须作出书面解释。对触犯法律的不良行为记录在案，严重的或在调薪上受到影响，或可能受到降级处分。考核委员会将根据个人的成绩记录及有关材料加以评定，考核结果对公务员调薪、晋级有很大影响，因而成为促使公务员努力工作、遵纪守法的一大杠杆。通过加强绩效考核，严格执行以绩效为基础的收入分配制度，有效激发了公务员队伍的责任心和积极性。

（四）公务员廉政监督机制独立、透明

芬兰对公职人员的廉政监督机制独立。各政府机构都设有审查官，为防止腐败上了两道锁：所有决策要过两道关，一是行政首长，二是审查官。行政首长在决策过程中如果出现疑问或失误，审查官可以对该决策提出质疑，并进行独立审查。除了审查官制度外，芬兰还有行政首长的集体决策制度。此外，芬兰司法总监和议会督察员是政府机关中的最高监察官，他们根据宪法监督各机关及官员是否遵守法律、履行职责。这两种监察官一般由著名法学家担任，每年到全国各地巡视，倾听公民意见，接受和审理普通公民对官员和公务员的举报。任何公民都能自由地检举和揭发。制度监督有很强的针对性，因而能够有效地防止某些层面的腐败。同时，政府决策机制公开透明。公共政策决策、公共预算、档案内容都在公民监督下进行和公开，就连国家议会的会议和表决都对全社会开放，并分别设有外宾、媒体、民众旁听席。政府、市场与社会有清晰的分工与界限，政府职能定位很明确，除了管理，提供更多更好的公共服务是各级政府的一个核心理念。政府对企业的行政管制较少，行政审批项目和权力非常有限，政府实行集中采购、招标投标的制度，让资源充分市场化、私有化，从源头上断绝钱权交易。

二、我国公务员管理制度存在的问题

近年来，我国在公务员制度建设方面取得了很大的成效，公务员队伍逐步实现专业化、年轻化、知识化，政府行为也逐步步入规范、廉洁、高效的轨道。但由于历史原因、社会环境等因素制约，我国公务员管理制度还需要不断健全和完善。

（一）公务员考录机制不够健全

公务员考试录用制度作为一种新型的人才选拔制度，最大的优点是体现公平竞争的原则。通过近年来的实践探索，我国已初步形成一套比较完整的公务员考试录用体系，但还存在以下一些问题。

1. 招考条件限制

在实际招考中，各种限制条件如地域限制、专业限制、年龄限制、性别限制和工龄限制有时成为用人单位照顾"关系户"的幌子。有些单位为特定人员设定的"萝卜招考"现象时有发生。甚至出现有些单位在招考时，招考公告没有对外公布，仅对内部子弟或一些干部亲属公开，这显然违背了我国公务员考试录用的基本原则。

2. 面试标准不够明确

公务员招考在面试过程中还存在一定的随意性和简单化的现象。加上面试过程的不公开、不透明，导致公务员考试录用出现"暗箱操作"现象。这既影响了公务员考试的质量，也损害了我国公务员考试录用的公正性原则，挫伤了社会人员参加公务员考试的积极性。

3. 考官队伍素质有待提高

目前，我国公务员录用考试的考官队伍主要由两部分组成：一部分来自组织人事部门的官员，另一部分来自高等院校、行政学院的专家学者。这些考官缺乏系统专业的培训，对面试工作缺乏深入了解，容易出现对考生的答案理解不深、判断不准的现象，不能准确评判考生的综合素质和能力。

（二）公务员培训制度缺乏创新

公务员培训是提升公务员知识水平、业务素质的重要手段，对公务员队伍建设具有重要作用。我国公务员培训工作起步较晚，还存在不完善、不合理的环节，在一定程度上影响了公务员队伍素质的提高。

1. 培训机构选择单一

相对芬兰全面市场化的培训机制，我国公务员培训机构的选择比较单一，主要由各级党校、行政学院承担。党校、行政学院作为政府主导的培训部门，在思想政治教育方面有明显的优势，但由于市场竞争的缺失，在培训内容、培训师资方面停滞不前。对于技术更新较快的培训，党校、行政学院的劣势更加明显，不及一些高校、研究院甚至某些社会培训机构。

2. 培训内容针对性不够强

我国公务员培训的内容一般都是固定内容的"必修课"，公务员自主选学的余地较小，难以满足公务员的需要。对初任领导职务的任职培训大多带有临时补课性质，培训重点不够突出，培训内容与当地经济社会管理联系不够紧密。特别是县一级党校、行政学院，培训内容缺乏针对性，影响了教学效果和公务员的学习积极性。

3. 培训效果评价机制不够完善

我国公务员培训注重培训过程，对培训效果的评价考核不够重视，对受训人员的学习情况未采取科学有效的方法进行测验衡量，受训后也缺乏跟踪管理。虽然把培训结果作为公务员考核和晋升的重要依据，但在具体实践中没能得到严格的实行。对培训结果考核标准不严，全部学员都能顺利过关，考核形同虚设。

（三）公务员考核制度有待完善

自1994年人事部下发《国家公务员考核暂行规定》以来，我国公务员考核进入规范化的轨道，但在操作过程中存在考核结果失真、考核结果未能充分利用等问题。

1. 考核标准量化程度较低

我国公务员考核量化测评缺乏明确规定，考核的标准比较笼统。一些单位和部门在公务员考核中，往往停留在定性的基础上，难以对公务员的德才表现和工作实绩作出具体的量化。由于缺乏量化规定的相关条文,考核标准量化程度较低,考核的激励功能不强。

2. 不重视平时考核

平时考核是年度考核的基础,离开了平时考核,年度考核就失去了客观依据。我国公务员考核实施过程中,往往只注重年度考核而忽视平时考核。许多部门对公务员的平时考核没有明确具体的规定,一些单位制定的平时考核方法,要么比较烦琐、加重工作负担,要么与年度考核脱节,不能为其提供有效的依据。大多数考核结果来源于一次性的年终考核,结果往往是以一锤定音的考核成绩作为考核结果,导致为了考核结果弄虚作假的现象增多。

3. 考核结果没有得到充分利用

考核的目的有两种,一是奖勤惩懒、激励先进;二是总结经验、吸取教训。在我国公务员考核过程中,耗费了大量行政成本的考核结果没有得到充分利用,没有对公务员的考核结果作出有针对性的评价和分析,未能提出相应的改进意见和努力方向。年度考核结果与奖惩、辞退、工资、级别和职务的调整挂钩不够紧密,特别是在公务员职务晋升时,很少考虑年度考核结果。

(四) 公务员监督机制不够健全

相对芬兰严格的公务员监督管理机制,我国公务员管理存在"重提拔、轻管理、弱监督"的倾向,监督手段不健全,监督渠道不畅,造成监督疲软。

1. 监督功能滞后

我国对公务员的监督大多是问题出来以后,再去介入,后发制人,而那些损失已经无法挽回,监督失去了原有的功效。近年来纪检监察部门查处的领导干部违纪违法案件,大多数是群众举报或查办其他案件牵带出来而获得线索的,在很大程度上反映出其对干部监督的软弱乏力。

2. 法律规定模糊

我国制定了许多廉政方面的法律法规,但在执行过程中由于规定模糊,对于很多情况往往难以判断、不易操作。很多规定缺乏刚性的相关条文,对于领导干部缺乏相应的惩罚规定和措施,弱化了它的约束力。同时,在司法方面,也存在大量的"模糊"的法律规定,对贪污腐败行为的定性和量刑缺乏具体可操作性的规定。

三、进一步完善我国公务员管理制度的对策措施

（一）完善录用、交流、退出机制，增强公务员队伍活力

公务员队伍作为一个开放系统，必须有完善的录用、交流、退出机制，补充新鲜血液，促进部门、职位间的人员流动，保障公务员队伍的生机和活力。

1. 改革录用制度

坚持公开、平等、竞争、择优的原则，把好进口关，提高人才质量。报考资格条件要更宽，除政治素质要求和基本学历外，一般不应设置其他限制条件，为更多人才提供参与竞争的机会。加强对考试录用的管理监督，提高有关操作程序和考试成绩的公开透明度，通过新闻媒体跟踪报道，加大舆论监督的力度。完善考试的内容和方法，确保考试内容的科学性和评价标准的可操作性。加强面试考官队伍建设，对考试录用的每个环节精心设计，做到科学规范、公正客观。

2. 推动交流轮岗

公务员交流，是保持公务员系统活力的最经常、最普遍使用的机制。通过交流，拓宽公务员成长发展的渠道和空间，为其成长进步提供平台。制定公务员交流计划并认真落实，避免公务员交流的临时性和盲目性。制定调任、转任、轮换、挂职等可操作的具体规则，加强对交流管理的监督，对一些重点部门和重点岗位要强制性进行定期岗位轮换。委任或聘任同一领导职务要有任职期限，到达一定年限的就应进行交流。

3. 完善退出机制

制定严格规定，使达到法定年龄和不胜任工作的人员退出公务员队伍；对于无法承担正常工作或连续两年考核不称职的，应清退出公务员队伍。进一步完善公务员退休制度，可考虑实行公务员弹性退休制度，对于工作年限 30 年以上的公务员，因身体等原因可以选择提前办理退休；实行男女公务员同龄退休制度，体现男女平等，同时考虑适当提高现行公务员的退休年龄。

（二）完善教育培训机制，打造高素质的公务员队伍

公务员素质能力的高低是决定政府管理能力高低的关键因素，培训是加强公务员能力建设的重要途径，我国公务员的培训应加强培训针对性，创新培训方式，加强自我学习。

1. 加强培训针对性

要在过去行之有效的干部培训计划的基础上普遍实施职业生涯发展规划，帮助每个人制定个性化的职业生涯发展培训计划，充分尊重个人的特点和发展意愿，可以考虑建立培训自我申报、鼓励自我开发的制度，从而使培训具有较强的针对性，提高培训的实效性。

2. 创新培训方式

改变培训以授课为主的模式，逐步加大实践性的内容，强调能力培养，注重公务员的自身参与。充分利用网络平台，开发建立网上培训的模式，使培训工作便捷化、经常化。改革培训机构，向着市场化的方向努力，逐步培养和建立培训市场，使培训工作的实施具有竞争性，提高培训的效率。

3. 建立学习型组织

建立学习型组织，主要是实现个人学习、职业培训和组织开发相结合，倡导终生学习。通过组建学习型组织，定期开展读书活动，撰写读书笔记，开展学习竞赛，在单位形成互相学习、人人赶超的良好氛围。通过建立学习型组织，加强公务员自我学习的能力，树立终生学习的观念，推动人才资源开发向更高层次发展。

（三）完善考核激励机制，促进优秀人才脱颖而出

考核是对公务员的一种定期鞭策和激励，目前我国公务员考核制度奖优罚劣的作用发挥得不好，在公务员考核中要不断加强考核的正、负激励作用。

1. 加强公务员绩效考核

扩大优秀等次的比例，提高公务员争先创优的积极性，变争当优秀是个别人的事为全体公务员的自觉行动。对不同层次、级别公务员的优秀比例作出相应规定，改变目前优秀等次集中在主要领导人员身上的局面。进一步量化、细化、硬化基本称职与不称职等次标准，使之明确、具体、可操作，发挥警示作用，增强公务员的危机意识。此外，考核应加强平时记录，使平时考核规范化，推行《公务员工作纪实手册》制度，将各科室实行工作纪实的情况列入考核范围，积累大量的第一手材料，为年终考核提供科学可靠的依据。

2. 完善考核结果利用

考核结果应及时反馈，完善竞争激励机制。级别工资可调整为考核连续两年优秀或连续三年称职的晋升一级，解决公务员级别工资晋升时间跨度长、激励作用弱化的问题。对考核为优秀的公务员在职务晋升、培训、奖励等方面作出具体规定，对评为优秀、得到奖励、职务晋升的人选，公之于众，接受群众监督。加大对不称职等次人员的惩戒力度，对考核为基本称职的，在惩戒方面

作出具体明细的规定。兑现年度考核结果，动真的、来实的，通过公务员考核工作，营造竞争向上的氛围，使每个公务员有紧迫感，充分发挥考核的激励作用。

（四）完善廉政约束机制，强化对公务员的监督管理

不受监督的权力必然滋生腐败。要进一步完善对公务员从政的监督机制，加强对公务员廉洁从政的监督管理，预防和抵制腐败现象的发生。

1. 完善法律监督体系

道德和法律是相辅相成的，公务员的道德建设与监督应用法律来制约，坚持依法治国和以德治国的有机结合，坚持依法治权和以德治官的有机结合。目前，我国有《中华人民共和国公务员法》等法规和条例，但仍需完善各项公务员法律法规，坚持依法办事。继续加强人事法制建设，加快立法步伐。政府人事部门作为公务员主管机关，要确保将公务员制度推行到位，尽快在公务员管理上形成一套法律完备、纪律严明的监督制度体系。

2. 强化廉政民主监督

完善公共权力的监督机制，发动全社会的力量，特别是媒体监督、舆论监督和群众监督，监督官员的一举一动、一言一行，对违法乱纪、胡作非为的干部要坚决问责。做到自上而下的监督和自下而上的监督相结合，党外监督和党内监督相结合，提高监督的整体效果。扩大公务员管理的公开性和透明度，把直接关系公务员切身利益的管理，如考核、职务升降、奖惩等，做到制度公开、程序公开、结果公开。扩大干部选拔任用的知情权、参与权、选择权和监督权，扩大政务公开的深度和广度，打造"阳光人事"，防止"暗箱操作"，从体制上有效地遏制腐败。

参考文献

[1] 叶凤吉. 芬兰、瑞典国家公务员制度的分析与启示 [J]. 北方经贸, 2010 (5).

[2] 孙迎春. 芬兰公务员培训特色 [J]. 山东行政学院山东省经济管理干部学院学报, 2001 (4).

[3] 罗苗蕾. 论建立公平公正的国家公务员招录制度 [D]. 郑州大学. 2012.

[4] 董雪. 我国公务员考核指标体系问题研究 [J]. 才智, 2012 (6).

[5] 栾盈菊. 我国干部教育培训市场化研究 [J]. 沈阳大学学报, 2008 (3).

[6] 桂云峰. 当前我国公务员培训中存在的主要问题及对策 [J]. 改革与开放, 2009 (12).

[7] 萧鸣政, 陈小平. 我国公务员监督机制建设问题与对策 [J]. 公共管理高层论坛, 2007 (1).

推进国家治理体系现代化：芬兰实践的考察

芬兰反腐败制度对我国廉政建设的启示

王一民

一直以来，国际上对腐败有着多种定义。但无论是将其定义为"滥用公共权力谋取私人利益"还是"官员和私人市民之间不正常的互惠互利的关系"，都涉及公、私两个领域。而腐败的表现形式，一般来说也都包括了行贿，以裙带关系为基础的偏袒，通过向官员赠送礼物和组织某些活动为自身谋取私利，滥用职权，垄断控制信息，浪费和滥用组织资源，为了私利而不公平地对待同事、市民和顾客，以及在私人时间行为不检，等等。

2010年"透明国际"通过对世界各国腐败状况的研究，公布了新的廉洁指数（CPI）。"透明国际"的全球清廉指数排名是依据世界银行、环球透视、英国经济学人智库组织和世界经济论坛专家的评估，以及对居民和商业领袖进行调查后制定的，反映的是全球各国商人、学者及风险分析人员对世界各国腐败状况的观察和感受。清廉指数反映的是一个国家政府官员的廉洁程度和受贿状况，它以企业家、风险分析家、一般民众为调查对象。据他们的经验和感觉对各国进行由10分到0分的评分，得分越高，表示腐败程度越低。

一、全民参与、他律与自律有机结合的公务员监管体系

笔者在芬兰坦佩雷市参加课程时，坦佩雷市市长亲自为学员讲解该市的发展状况和战略规划。笔者注意到，市长是自己一个人坐车前来授课的，没有专车队伍，没有随行的陪同人员，更没有预先安排好的接待仪式。整个课程及活动流程简单而有序，课程结束之后便自行离场，这在中国是很少见的。这位市长的行为给所有学员留下了深刻印象，笔者认为这正是芬兰高度廉政的有力证明。根据芬兰政府雇员办公室官员 Timo Moilanen 先生所讲，在芬兰，公务员如果需要出差，有专门的部门安排好交通和酒店。政府对出差的审批相当严格，想出趟差也不太容易；一旦获准，出差的食宿不会差，但是一般的原则是在出差地要尽量搭公共汽车。出差的补助每天有定额，如果出差少于一天，就要按小时来发放补助；趁出差之机逛旅游景点则需要自己掏钱。

芬兰人热情好客，民间互相请客送礼也是人之常情。但是对芬兰公务员来说，人际交往必须谨守分寸，法律管束十分严格，甚至到了苛刻的地步。芬兰的法律规定，公务员不能接受价值较高的礼品，且对价值较高进行了细化的定义：根据物价指数调整，一般在20欧元左右。如果是公务接待，也就是出于公务应酬的需要公款请客，上至总理下至普通科员，一起吃饭的有些什么人、点了什么菜、花了多少钱，都要巨细无遗地在网上开列清单，人人可以看得到。媒体发现问题可以曝光，公众发现不妥可以举报甚至起诉。

芬兰在反腐倡廉方面具有良好的社会基础。美国《读者文摘》杂志社曾在世界范围内作过一项试验，测试了30多个国家或地区的民众的诚实程度。测试方法是在每个国家选择几个地区，故意在每个地区丢下10个钱包，里面装有相当于50美元的当地货币；钱包里同时附有失主的联系方式，拾到钱包的人如果想物归原主，可以轻易地联系到失主；最后统计钱包交还给失主的比例。试验发现，最诚实的五个国家是挪威、丹麦、新加坡、新西兰和芬兰，其中，挪威和丹麦的钱包归还率竟然达到100%，芬兰也高达80%。而这五个国家，在"腐败榜"中全部入选最廉洁的前十位。芬兰反腐的成功也正说明了这一点。芬兰的廉政建设之所以取得较好成绩，原因在于拥有一整套全民参与、他律与自律有机结合、完善有效的廉政措施。在芬兰，最高检察院总检察长马蒂·库西马基担任法官的30年里，没有一个人以任何形式向他行贿，因此，"英雄无用武之地"的他"无奈"地表示，公民的参与和自律是芬兰防止腐败的最有效手段。

二、长期实践形成的法律法规体系

笔者除了在生活中了解和体验到芬兰廉政的特点之外，还在课程中学习到芬兰有一套经过长期实践而形成的法律法规体系。芬兰刑法中并未提及腐败，而是使用了"行贿受贿"一词。芬兰从未有过专门反腐的法律或机构，腐败被视为刑事犯罪的一种，是政府无能或政治腐化的体现。因此，不同层次的法律、规章或监督体制都可以对腐败加以纠正，从宪法、刑法、民法、行政管理法到伦理道德都可用来反腐败。芬兰刑法中并没有对行贿或受贿规定最低数额，因此，接受少量的贿赂也有可能构成犯罪。公务员接受金钱、珠宝、家用电器、低利息贷款、免费旅行等都可被视为接受贿赂，甚至接受荣誉头衔和有关部门的推荐也可能被视为受贿。公务员如果被指控受贿，一旦罪名成立，将被立即免职，所以政府官员和公务员都十分谨慎，拒绝任何形式的物质和非物质的行贿或好处。

（一）法律上从严量刑

为了更有效地约束公职人员所掌握的权力，芬兰专门制定了《公务员法》。公职人员刑事案与平民刑事案相区别惩治，对公职人员渎职、贪污、诈骗等的惩戒尤其严重。该法律规定，行贿与受贿将受到同样的处罚。如果公务员利用职务之便为自己和他人索取或接受贿赂或好处，将以受贿罪处以罚款或判刑，其犯罪行为表明已经不适合担任原职务者将被解职。公务员在作出某种决策时，如果违反和不遵守与其义务有关的规定或利用职权为自己和他人谋取好处，并给他人造成伤害和损失的，根据情节轻重将以滥用职权罪被处以从罚款到4年有期徒刑并开除公职的惩罚。如果他人向公务员和公共部门工作人员行贿以达到某种目的、获取某种好处，根据情节轻重也将以行贿罪被处以罚款直至4年徒刑。所有行贿受贿获得的钱物和其他好处，不论数额大小都将一律上交国家。

《公务员法》还对与公司企业有直接公务往来的公职人员制定了严格的纪律。该法认为，不管出于什么原因，公职人员频繁出入饭店会有损公职人员的形象，动摇公众对国家官员的信任。由此，芬兰的各大公司很少向政府官员提供试看、试用本公司的产品，以免构成行贿罪；政府官员也不敢经常出入饭店，以防构成"有损政府形象罪"。

芬兰法律不仅禁止工商界人士在国内的经营活动中行贿和受贿，同时禁止其在国外通过行贿来促进产品出口。芬兰公司在接待客户时，通常只向客人赠送价值不高的小纪念品，这样既可避免客人涉嫌受贿，自己也不会因行贿而违法。芬兰公司因此在某些腐败成风的国家失掉了许多项目和机会。政府和议会分别设立财政监察局和国家财物检察官，对政府和国家的各项开支实行经济监督。例如，使用公款进行设备购置是否符合规定，所购商品价格、质量在多种报价中是否为最佳选择，政府官员是否用公款采购和营私舞弊，等等。

（二）确定透明公开的重要原则

透明和公开是芬兰政府工作的一个重要原则。公共部门的一切都要公开，接受市民和媒体的监督。政府档案馆以及公共部门的所有档案材料不仅对专家和研究人员开放，而且也对新闻界和公众开放，公民在需要时可以通过这一途径了解政府部门的有关情况，从而有效地防止政府部门产生腐败现象。

2005年，芬兰议会通过一项新法律，对接受贿赂作了明确的界定。公司接受贿赂可能会受到惩罚，但前提是这种贿赂行为损害到了其他公司的利益。

2005年2月，公共采购法案的补充条款规定，只有当决策已经作出，竞标者已经被告知21天后，才能正式签订公共合同，其目的就是为了给竞标者充分的时间来进行投诉。该补充条款还要求，所有的公共采购合同以及相关决策都必须以书面形式出现。

在芬兰，透明执政是政府的一个最主要原则。公共行政部门的一切活动都是公开的，并自觉接受公民和舆论监督。芬兰的《公开法》规定，政府档案馆以及公共部门的所有档案都必须对新闻界和公众开放，芬兰公民在需要时可以通过多种途径了解政府部门的有关情况。政府部门的高透明度，有效防止了政府部门产生腐败现象。另外，芬兰的社会透明度也很高。银行实行实名制存款，税收机关有权了解所有账户的情况，芬兰公民和团体的收入以及财产每年都要在纳税表上加以公布，任何人都可以到税务机关查询某人或者某团体的收入以及财产情况。

三、对中国的启示和借鉴

在芬兰的所见所闻使笔者对中国反腐败有了新的认识。中国作为一个发展中的大国，由于现阶段正处于体制转轨、社会转型的特定历史发展时期，消极腐败现象呈阶段性多发、高发的态势，反腐败的形势依然非常严峻。基于对芬兰反腐败基础和制度的讨论分析，笔者认为，在中国进行反腐败，最重要的是建立和完善严密的制度网络。

（一）建立协调有效的廉政制度体系

在一整套协调有效的廉政制度体系中，法律起着关键的作用。换言之，廉政制度也可表述为廉政法律制度。制度是指在国家和社会中每个组织和成员都必须遵守的秩序和规则。

贪污腐败是公共权力异化的结果，权力的异化导源于人性的不完善，在权力运作过程中，要使权力始终成为谋取公共利益的工具，首先要求权力持有人具备高尚的道德。但个人道德修养的完成是一个长期复杂的过程，人类追求自身利益的天性，决定了权力持有人总是难以排除以权谋私的可能性。这说明，阻止权力的异化，既要靠人性的完善，更要靠外部的约束，需要在权力之外，构建一套完善的制度体系监控和规范权力的运作方式。

我国现阶段在政治体制和经济体制上都处于传统和现代因素的并存交替。这种混合型体制的明显缺陷是政治管理机制与经济运行方式缺乏高度的和谐，利益关系未能得到圆滑的调节，权力与金钱发生交易的机会相对较多。在这种体制下，建立严密的制度监控权力运行方式，具有特别重要的意义。

一是有必要赋予公务活动公开以法的强制力,明确规定应当公开的公务活动;凡未予公开的公务活动,其所作出的决定和处理结果无效。实践证明,预防和遏制腐败的最强大力量在于全社会的监督;二是应以法的形式赋予公民获得公务活动公开的主体权利。一方面,应确立公民知情权的具体内容;另一方面,应为公民的知情权提供切实的法律保障。公民行使知情权时,国家机关负有告知和解释的责任。三是借鉴国外廉政法规的监督制约机制,保障对公职人员实施全方位的监督。从各国的现行制度来看,主要有法院和行政机构的监督、有效的财产监督,如个人财产申报制、舆论监督。

在上述公职人员监控方面,较为成功的经验包括:①把住用人关口,保证公务员素质。为了保证公务员队伍的廉洁高效,各国在公务员任用上采用了公开考试、择优录用的原则,从公务员资格、主考机关的确定,到考试方法、内容、录用标准、试用期限,多从立法上加以规定,对违反规定的严加处罚。②通过考绩奖优罚劣。③实行职务回避。④职务轮换。为防止共同作弊或裙带关系,多数国家规定有轮换制度。

(二) 完善公务员制度

我国现行的公务员制度基本吸收了上述做法。在我国,虽然各级党和政府的领导人实行某些工作岗位的任期制和定期轮换制,但不是采取资本主义国家政务官员随政党进退、大换血的方式。中国共产党是执政党,各级党和政府的领导干部担负着组织经济文化建设、全面管理社会、制定和实施国家发展的长远规划的伟大历史重任,与资本主义国家各自为政、政府一届负责一届的体制根本不同。因而我国在借鉴西方国家的一些制度时,必须结合本国情况,我们必须保持干部队伍的相对长期性和稳定性,不能靠资本主义的政务官轮换方式来遏制腐败。

(三) 制定严密的反腐败制度

完美的反腐败制度必须具备三种功能:一是通过立法创设从物质到精神的一系列制度,使掌权者即使想实施腐败行为,也会因心存优厚待遇丧失之虞而放弃贪欲。二是通过立法健全完善监督制约制度以及严格的职权行使程序,使掌权者无法实施腐败,即"不能贪"。三是通过立法完善严密的刑事的、民事的、行政的惩罚制度,使掌权者慑服于罚则的威力而"不敢贪"。

要制定严密的制度建设,形成使公务员"不敢贪"的巨大压力。惩治腐败不在于严酷,而在于有严密的制度。严密的惩治腐败制度能对腐败分子发挥三方面的威慑作用:一是恐惧名誉和地位丧失;二是恐惧个人既得利益的丧失；三是恐惧个人人身自由的丧失。惩戒制度的意义便是有效利用这三方面的得失效应，形成掌权者"不敢贪"的心理约束，达到遏制腐败的目的。惩治腐败制度规定的是对已然行为的处罚，具有一般预防和特殊预防的功能。这一功能发挥的关键，在于惩治腐败制度是否具有威慑的力量，能否有效利用《财产申报法》的出台，同时从转型期的现状来看，若干配套制度也尚未完成，如完备有效的公民财产申报纳税制度，金融与不动产所有权实名制度，非现金的票据流通制度，完全取缔"灰色收入"的公职人员待遇制度，等等，都是有效实行公职人员财产申报制度所必需的，也是与建立现代市场经济体制相适应的，必须加快日程建立和完善。

（四）适当借鉴高薪养廉制度

为了让公务员"不想贪"，有人提出了"高薪养廉"的设想。当然，优厚的物质待遇对于确保官员"不想贪"的从政动机是有意义的，且具有合理性：一是公职人员基于其长期教育和训练的成本投入获得国家录用，给予较高的报酬符合人才市场的公平原则；二是社会管理活动是复杂劳动，其价值量等于倍加的简单劳动；三是国家为了避免权力介入市场，禁止公务员从事营利活动，限制了他们潜在价值的实现，理应予以补偿。因此根据我国目前的经济状况，寻求官员"不想贪"的自律机制，取得反腐败的实效，以制度确保公职人员比较优厚的薪俸，既使他不为生活所累，又使其个人价值在经济上得以体现，是完全必要的。

新加坡是实行公积金制度比较成功的国家，值得我们借鉴。新加坡惩治贪污犯罪的成功经验之一在于他们公务员管理经验的成熟，如与高薪制度相结合的公积金制度。他们在公积金制度中，把每人月工资的18%加上单位给予的22%即合法收入的40%作为公积金储存起来，职务越高，工龄越长，公积金就越优厚。一旦公务员发生贪污受贿行为，在刑事处罚的同时，公积金全部没收。由于许多公务员仅调用公积金就足以保证其优厚的生活，人们自然珍惜，一旦被查处，他们反而得不偿失。可见，公积金制度有较强的心理遏制作用。但公积金是薪俸的一部分，如果薪俸总额本身不能满足公职人员的合理生活需求，数额可观的公积金自然不宜强行提取，所以公积金制度只有以相对高额的薪俸为条件，才具有促成公职人员"不敢贪"的反腐败效应。

透明处处可见，监管无处不在，良性的反腐机制，高昂的腐败成本，积极倡导的社会道德和价值观念，使芬兰逐步培植形成了廉洁自律的社会风气，逐渐缩小了腐败生根发芽的空间，有效地遏制了贪污腐败的发生。诚然，由于文化传统、历史源流、社会基础、思想观念等基本国情上的差异，在芬兰行得通的在中国未必一定行，但芬兰人在反腐倡廉中不用虚招、真抓落实的精神，确实值得我们深刻反思，这或许正是我们反腐倡廉的主要差距所在。在有效的制约和监督上，在有关的制度创设上，可能不但要反贪、防贪，还要有相当完善的举报、曝光制度。不只有政府职能部门反腐、防腐，还应有鼓励保障举报和曝光的制度措施，应切实调动受腐败行为侵害者反腐败的积极性。据报道反映，英国的消费者投诉比中国多约10倍，可见中国适当增加投诉举报和相关的查处，对反腐败、反不正之风尚有可能性、必要性。要使得反腐败能够"魔高一尺，道高一丈"，中国的反腐倡廉才能有更多的进展，而不让腐败问题影响社会的稳定、发展和中华民族的伟大复兴。

第一部分　廉政建设与公共管理

芬兰管理经验对我国的启示

马燕娴

芬兰是实施社会福利制度的北欧国家之一，近几年来，无论在政府的廉洁度或国家竞争力的世界评比中，经常名列前茅，吸引了世界上其他国家的关注。芬兰在全球竞争力评比中拥有的亮丽表现，与其先进的管理是分不开的。

一、芬兰的管理部门人员和制度

（一）人力资源管理部门

芬兰中央政府各机关有其各自的人力资源管理部门，负责各机关的人事管理事项。财政部配合国家的财政情形与预算，只决定有关的人事政策。因此，各机关在人力资源管理上拥有相当大的自主权。财政部的内部单位"人事处"（Personnel Department）是主管人事政策的幕僚单位，也是代表政府承担雇主角色时的权责单位（Office for the Government as Employer）。

（二）公务人员和约聘人员

根据芬兰官方文献，芬兰中央政府的受雇者分成"公务人员"（Civil Servants）和"约聘人员"（Contract Employees）两类。"公务人员"是指拥有公权力者，其法律地位明定在《国家公务人员法》（State Civil Servants Act）和相关法令中，并可依不定期或固定任期的方式来任用。"约聘人员"的进用是依据《雇用契约法》（Employment Contracts Act）的规定，以契约采特定时间或采不定期之方式聘用。在芬兰，军人及大学教师等亦属于公务人员。

（三）公部门的人力结构

以2008年的情形而言，芬兰所有中央公共部门雇用的人力超过劳动人口总数的22%，属公务人员者约有10万人，约聘人员为2万人，其中，大学、国防及财务金融等部门雇用了较多的人力。芬兰中央政府事业人员占有较高的人力比例，应与芬兰属福利国家的政经体制有关，而从研究人员在公共部门所投入的人力比例，则可看出该国对于知识经济的重视。芬兰公共部门中进用公务人员和约聘人员的比例，中央政府层次为 5∶1，而地方层次的约聘人员数，则已超过公务人员人数的 1.5 倍。

（四）高阶公务人员

芬兰高阶公务人员（Senior Civil Service，SCS）的人数约为 130 人，高阶公务人员须经对外公开的甄选程序，尽管有些职位实质上为"隐性的"政治任命，但所应具备的一般条件如下：①发展潜能。具备充足的技能和进一步发展的能力。②学历资格。拥有相关领域硕士及以上学历。③管理智能。具备相关政府部门丰富的专业技术和业务能力，以及可证明的管理技能和在高层政府部门实施管理的工作经验。④官箴要求。具备基于独立、公正、客观、忠诚、透明的服务意识与责任感等价值观。⑤沟通能力。跨部门、跨行业的工作经验，建立与管理网络的能力，良好的写作、口头表达及语言能力等。⑥国际视野。芬兰为了准备轮值担任欧盟主席，高级官员需要具备国际视野和处理国际事务的能力，这也是其培训的重点。

（五）公务人员的培训

芬兰重视公务人员的能力及高级公务人员领导才能的提升。芬兰中央政府各机关运用在公务人员培训上的经费，每年约 650 万欧元，约为人事费的 3%。芬兰采取"开放制"或称为"职位制"的文官制度，当有新增或出缺职位有待甄补时，由于系向公、私部门全面开放的，因此甄补进来的人选理论上已是最适任者。

二、芬兰管理制度的特征

（一）强调人才的专业能力

芬兰公务人员的人事制度采用"职位制"，甄补人才时重视专业能力，并力求在工作条件或权利义务上，泯除公务人员和私营部门受雇者间的差异，尤其是芬兰公务人员并不拥有终身职涯的保障。因此，就制度上来说，芬兰公、私部门间人才的交流并没有障碍，公共部门得以随时从私营部门引进人才，有助于注入创新精神。然而，实际上芬兰公、私部门人才交流的情形并不如想象中那么多，且公务人员虽不具有终身职涯的保障，但久任化的现象也很普遍。

第一部分　廉政建设与公共管理

OECD 研究报告指出，芬兰政府人力不仅在公、私部门间的流动率不高，甚至在中央政府各部门间及中央政府与地方政府间，人力交流的比率也很低。并且，芬兰的"职位制"强调人才的专业技术能力，使得政府缺乏具备通才管理知能的管理者或领导者。基本上，芬兰的高阶主管或首长比较多的拥有公、私部门间或各政府部门间的职务历练，但这些人力目前已有老化的现象。然而，由于芬兰人具有不愿变动的北欧文化特质，造成准备接棒的"培育团体"成员，仍将缺乏职务历练而容易各自为政，难以成为适任的领导者或管理者。

（二）既重视个人又重视团队

管理的概念一直在发生变化，现在提的最多的是团队、合作、网络化和灵活性，包括管理的手段和方式也在发生变化。必须有一个整体目标、严谨规划，这些对管理来说非常重要。现在的管理更加强调创新、国际视野、不同机构之间的对话和交流。芬兰管理的核心实际上是人。不仅是专家，而且是整个管理的贡献者，被赋予了一定的权力，或者赋予下属一定的权力去做事。以前把管理的重心放在个人身上，而忽视了整个团队的作用，现在是既重视个人又重视团队。

（三）以结果为导向的管理

芬兰强调人的管理能力，但这不是唯一的。人必须与部门的情况和所从事的工作结合起来，他们希望赋予每个人更多的职责，这样才能更好地实现单位目标。在芬兰的管理层存在着一个问题：善于操纵事务，但是却不善于管理人。他们想的是需要的结果是什么，然后去想采取什么样的方式来实现这个理想，怎么去制定计划、采取什么样的措施、投入什么样的成本来实现这个计划。想要得到一个怎么样的结果，就会鼓励每个人去达到最理想的结果。

三、芬兰管理经验给我国带来的启示

（一）法治精神

芬兰的公共管理浸润着强烈的法治理念和法治精神，芬兰的公共管理不是靠个人的权威或者某个领导人的行政指令，靠的是制度、规矩，其基础则是公民的公共道德水准。这不仅体现为管理主体的严格依法办事，更体现为其有一整套公平的社会价值理念。培育法治精神，除了要制定良好的法律法规，更重要的是全社会对法律要有敬畏感，正如伯尔曼所说，"法律必须被信仰，否则形同虚设"。芬兰民众普遍具有内向自律、善良宽容、诚信厚道、遵纪守法的优良传统。芬兰经过长期的发展才建立了法治社会，我国目前处在转型时期，完全发育的市场、活跃的社区、多样化的非政府组织等都很缺乏，而且理性官僚制所要求的遵纪守法的习惯、对事不对人、有序运作、刚性规则也同样缺乏，因此，打造法治政府、厉行依法行政的任务依然十分艰巨。

（二）整合资源

政府应当重在掌舵而不是划桨。芬兰政府内部重在制定战略目标、监督规则落实和打造资源整合平台等，外部广泛采用授权的方式进行参与式管理，发挥社会的基本单元社区、家庭、志愿者组织等的作用。芬兰政府动员社会多元利益主体共担责任，防止权力过分集中于政府，特别是将竞争机制引入基础设施行业，允许私营部门进入公共服务领域，以私补公，打破政府垄断，打破行业和部门垄断，解决"瓶颈"问题，缓解财政压力，增加有效供给，提高服务质量，取得了经济效益和社会效益双丰收。我国应该打造枢纽式社会组织，充分发挥它们的作用，使社会各方面、社会每个成员具有自我负责、自我发展的动力和活力，"大家的事大家来办"，分权、竞争，调动各方面的积极性。这样做一方面有利于由"无限政府"向"有限政府"的转变，还权于企业、社会、市场、基层、人民，使权力寻租难有市场；另一方面有利于政府从繁杂的社会事务中脱身，集中精力管好宏观方向性的公共事务；同时，也会促进社会力量的发育，推动市民社会的成熟。

（三）顾客导向

芬兰的政府服务把公民当成"顾客"、"客户"，政府是负责任的"企业家"，政府根据"顾客"的需求为其提供服务。例如，坦佩雷 *Vision for 2020* 的10条具体运行目标中，有7条是围绕着改善民众交通、居住、社区、老年医疗等服务内容。把政府的职能定位于满足社会的公共需求，有利于打破政府本位、权力至上的旧观念，弱化崇拜权力的陋习，促使政府由统治行政、管理行政向服务行政的转变，树立平等意识，倾听公民呼声，满足社会需要，改变公民被动接受服务、没有回应的缺陷。我国应该以人民群众拥护不拥护、赞成不赞成、满意不满意、答应不答应当作考虑问题的依据，创设良好的机制，给公民以知情权、选择权、评议权，打造服务型政府，能够对社会需求有灵敏的反应，形成一套良好的政务评价体系，并以此改进政府工作。

（四）协调高效

在机构层面，芬兰中央政府由 12 个部组成，机构精简、职责明晰，部门间配合协调高效。同时，积极推行问责制，下放权力，充分发挥基层公共组织的主动性和创造性，同时完善各公共管理部门间的沟通协调机制，形成推动工作的整体合力；广泛采用私营部门成功的管理手段和经验，如重视人力资源管理、强调成本—效率分析、全面质量管理、强调降低成本、提高效率等。二是在公共服务人员层面，严格执行以绩效为基础的收入分配制度，有效激发公务员队伍的责任心和积极性；吸纳专业人才和高素质人才，提高队伍素质和工作效能；将灵活的用人机制引入公务员管理领域，实行合同雇用、临时雇用等。这些措施较为有效地解决了政府反应迟钝僵化、机构臃肿、人浮于事、效率低下、推诿扯皮等官僚主义痼疾，对于改革提高政府效能，进一步完善政府工作人员的录用、考核、任命、奖惩机制有一定的参考价值。

（五）改革创新

改革创新，是芬兰政府公共管理卓有成效的重要原因之一。主要体现在：一是实施战略管理。其作用在于使公共管理部门认清形势、明确方向，动员所有可供支配的资源，按照既定流程有力、有序、有效地实现管理目标。二是实施以结果为导向的管理。在公共管理中采用绩效管理，有利于凝聚共识，并且在确保公共管理目标实现的同时，为建立和执行严格的问责制度奠定基础和条件。三是实施协同管理。这种管理模式使各公共管理部门在管理中目标、步调一致，避免政出多门、政策打架。四是不断完善工具和模型。使公共管理更加简单实用、便于操作。我们可以学习和借鉴芬兰的做法，按照《中共中央国务院关于加强和创新社会管理的意见》精神，充分发挥社会组织在社会建设中的积极作用。

1. 加强领导

中国共产党是中国特色社会主义建设的领导核心。公众参与社会管理工作应在党中央的统一领导和部署下，在各级党组织的组织下，针对各地实际，有计划、有步骤、有重点地开展，切忌一窝蜂、"一刀切"，造成社会管理的失序和混乱。

2. 转变观念

在当前完善社会管理格局的改革中，真正的动力将来自政府的观念转变，来自政府对行政和社会资源的有序让渡，来自社会管理和社会服务公共空间的逐步确立。面对改革发展的新形势，唯一的选择在于转变职能、自我限权，将一部分社会管理职能向社会公众尤其是社会组织转移，形成共建共治的良好局面。

3. 制度建设

知情权是现代公民的基本权利，政务公开是保障公民知情权的重要措施，也是公众参与的前提。公众可以通过政务公开获取与社会管理相关的信息，参与到社会管理中来。应加快制度建设的步伐，使公众参与社会管理的权利得到切实履行，参与渠道更加畅通。

4. 提高素质

提高公众科学文化素质，使公众参与社会管理的能力得到提升。公众参与社会管理的能力，实际上是一种社会自治的能力。很多公民之所以不参与社会管理，是因为缺乏公民意识，没有意识到社会管理是自己的权利，从而站出来表达自己的诉求。

5. 创新方式

要充分运用信息化手段，建立公众参与的电子政务服务体系，努力实现政务信息网上公开、社会事务网上办理、公共决策网上互动、政府效能网上监察，并推动政务服务向农村、社区延伸，为公众参与打造广阔的网络体系。

（六）公正廉洁

芬兰现有8万多名公务员，腐败案件每年仅有十几件，主要涉及失职渎职类，贪污、行贿、受贿案件极少。其中最重要的一点就是公开透明。我国政府各部门要不断扩大公开的范围、公开的内容，规范公开的程序，确保一切来源于人民的职权在"阳光"下运行。抓住"信任、法律、道德"三个方面的建设，同时注意"法律必须清晰严肃，官员要高薪养廉，突出职业人士的道德意识，及时惩罚控制腐败行为"四个环节。

1. 制度为先

芬兰遏制贪腐的第一利器是法律法规明确、具体、细致、不断更新，力求做到底线清晰、公开透明。特点比较明显：一是构成腐败犯罪的起点较低；二是公务消费的规定十分详细；三是实行财产申报和公示；四是完善的监察专员制度。其中，监察专员向议会报告工作，与行政、立法、司法机关均无任何隶属关系。

2. 诚信为本

芬兰人坚信，"很难强制让一个人不腐败"，"只有自己内心的强大才是防止腐败的利器"。具体做法上，一是面向社会进行廉洁教育，芬兰从中学就开设法律基础教育课程，培养公民的守法观念；二是面向公务员队伍进行廉政教育，其中最重要的就是通过培训使其弄清"腐败"的界限；三是重点抓执法系统的廉洁自律教育。芬兰通过长期的廉政教育、完善的法律制度、各方面有效的监督，营造了崇廉鄙贪的浓厚文化氛围，使得贪污受贿行为如同偷盗抢劫一样，被视为卑鄙肮脏的不义之举。

3. 社会监督

芬兰人认为："任何人都有权利来举报腐败。"一是媒体的监督起着至关重要的作用；二是社会团体的监督活跃；三是公民的监督比较便利。

4. 税收监管

一般高级官员的腐败行为不易受到监督，而芬兰政府通过遍布全国的税收系统严密监视行贿受贿行为。从权力寻租的供求关系入手，有助于清除腐败滋生的土壤。

5. 依法管理

把依法管理与促进社会公平紧密联系起来。芬兰是世界上第一个修改罚款系统的国家，即把罚款和收入挂钩，按被罚款人每天的工资来计算罚款额。

6. 有力调控

在大政府、大社会的治理模式下，政府治理和社会管理两者不能偏废。芬兰是完全的市场经济国家，但政府这只"手"也很强大有力，既强力参与社会建设管理，又不放松对经济活动的调控。

社会管理的创新是一项系统的社会工程，不能毕其功于一役。必须充分了解我国当前的实际，认真分析目前社会管理中存在的主要问题，充分借鉴国外社会管理的先进经验，在党和政府的领导下，以科学发展观为指导，促进科学发展，加快制度建设，加强公众教育，创新服务方式，使我国社会管理得到不断创新，更趋于组织化、制度化和专业化。

参考文献

[1] 戴维·H. 罗森布鲁姆，罗伯特·S. 克拉夫丘克. 公共行政学：管理、政治和法律的途径 [M]. 北京：中国人民大学出版社，2002.

[2] 刘超，胡伟. 试论中国政府社会管理中的公众参与问题 [C] // "落实科学发展观推进行政管理体制改革"研讨会暨中国行政管理学会2006年年会论文集，2006.

[3] 唐铁汉. 强化政府社会管理职能的思路与对策 [J]. 国家行政学院学报，2006 (6).

[4] 田莉. 美国公众参与城市规划对我国的启示 [J]. 城市管理，2003 (2).

[5] 顾丽梅. 解读西方的公民参与理论——兼论我国城市政府治理中公民参与新范式的构建 [J]. 南京社会科学，2006 (3).

[6] 夏镇平. 跷跷板游戏——公共管理比较研究 [M]. 上海：上海大学出版社，2005.

芬兰财政监督管理经验的学习与借鉴

文宇晞

随着公共财政框架的建立,丰富财政监督手段、深化财政监督管理内涵成为新时期的要求。借鉴外国经验,对进一步完善我们的财政监督管理机制、提高财政监督管理质量,具有重要现实意义。利用在芬兰学习的一个月时间,笔者特别注重加强对该国财政监督管理方面知识的了解和学习,现将有关情况报告如下。

一、芬兰财政经济简况

芬兰是欧盟的一个老成员国,人口530多万。20世纪80年代,芬兰经济以年平均增长3.7%的速度持续发展,90年代初,经济出现严重衰退。1993年开始复苏,1994年以来经济总体上发展良好。芬兰政府90年代初完成经济结构调整,增大知识型经济在国民经济中的比重,重视科技投入,发展高新技术和信息技术,在宏观上继续执行紧缩财政、鼓励投资、削减社会福利、降低所得税、加快国有企业私有化进程、改善就业的政策,使经济保持稳定增长。1999年加入欧元区,2002年1月欧元正式流通,取代芬兰马克。

芬兰出口商品主要有机械设备、化工产品、金属、纸张纸板等,进口商品主要有食品、石油及石油产品、钢铁、纺织品、饲料等。主要贸易对象为欧盟国家。芬兰是世界上第二大纸张和纸板出口国,纸浆出口占世界第四位,造纸和制浆机械设备在国际市场上占有70%的份额。同时,芬兰的船舶制造业,特别是特种船只,如破冰船和豪华游轮,在世界上也享有盛誉。目前,世界上50%的破冰船是芬兰制造的。

2012年,芬兰财政部公布经济报告称,受人口老龄化和欧债危机影响,未来几年内芬兰经济前景不容乐观。报告认为,过去几年芬兰人口老龄化趋势已较明显,从2012年开始,该问题给芬兰经济增长带来的影响正在增加,同时,芬兰吸引外资能力减弱和出口下降也是导致芬兰经济增长缓慢的原因之一。欧元区经济在未来几年内将持续疲软,该情况将拖累芬兰的经济增长,

2012年芬兰GDP实现1%左右的增长，但主要靠内需拉动，国内劳动力市场仍将较低迷，失业率预计为7.6%。2013年，芬兰GDP增长1%，个人消费仍将是经济增长的主要推动力，出口有望小幅回升，对经济增长起到一定的拉动作用，但受制造业生产低迷的影响，劳动力市场将持续疲软，预计失业率将进一步上升。到2014年，芬兰GDP才有望实现2%的增长。

芬兰是一个高税收、高福利和高债务的国家。税收是芬兰财政收入的主要来源，约占国民收入的40%以上，除了增值税、消费税和公司所得税以外，个人所得税是财政收入的另一个重要来源。此外，国家专项列收列支的国民退休和疾病保险捐款、森林管理费等也构成财政收入的重要组成部分。芬兰财政预算的一半用于基础教育、职业教育、社会医疗保健、社会福利和城镇基本建设项目。由于实行高福利，芬兰的债务也较高。芬兰统计中心2012年公布的数据显示，2011年芬兰公共债务总额达930亿欧元，比上年增加60亿欧元，占当年GDP的48.6%，比上年提高0.2个百分点。政府赤字约为9亿欧元，占GDP的0.5%，比上年下降2个百分点。

芬兰的财政体系由中央、省、市三级构成。中央财政收入占全国财政总收入的比例达到80%以上。中央政府的转移支付资金是地方政府的主要财力来源。中央政府通过转移支付手段来对国民经济进行有效的宏观调控。

二、芬兰财政监督管理的做法和经验

芬兰财政监督覆盖了财政资金运行的全过程，规范程度、法制化程度非常高。对财政监督主体、监督客体的职责范围，各自权限的划分，以及相关程序和配套措施非常完备。

（一）重视预算编制的监督管理

芬兰以公历年为预算年度，预算编制工作开展得早，审批时间长，准备工作相当充分。从每年底就开始准备后年的预算编制工作。具体流程为：从年底至翌年1月份，各单位向财政部门提交本单位的预算计划，接着是各单位与财政部门进行初步商讨，然后是议会对预算进行辩论。年中，第一稿的预算草案向社会公布。8月份，政府召开预算会议，决定最终预算数。9月份，政府向议会提交预算建议，财政部门向议会提交预算法案。9月至11月底，议会进行听证，并起草正式预算法案。12月初，议会修订及通过预算法案。次年1月，预算年度正式开始。预算一经议会通过并形成年度预算法案，各单位必须依法严格执行。未经议会同意，任何人无权更改。如需追加支出，则必须按立法程序办事。在预算执行过程中,各项目之间、经常性支出与资本性支出之间都不能随意调整。

(二)对全过程的执行管理非常严格

所有的预算收支都通过国库单一账户进行。资金集中收付、库款集中管理,对各项资金的监控力度非常大。在资金执行和调整方面的管理极为严格,必须按法定程序进行。未经法定程序,绝对不能更改。

(三)监督权力配置层次分明

1. 政府内部监督得力

由财政部门实施日常内部监督。通过建立内审机构,实施内部监督,有效地保证预算收入和预算执行的良好成效和质量。例如,在财政部内部专门设立了内部监控处和信息处,内部监控处负责对财政部内有关部门执行预算情况进行监督和控制,信息处主要负责定期通过专门网站公布预算的执行情况。为加强宏观调控和财政监督,2004年芬兰议会还通过一项议案,由中央政府派驻财政部一名"总调控师",负责对预算总的执行情况和重大决策情况进行调控和监督。

2. 外部监督成效佳

(1)立法机关的监督。议会下设的财经委员会负责对预算、拨款等事项进行审议。对预算草案进行调查和审查。若需要追加预算,不论金额多少,必须经议会批准。每个财年超预算收入部分,未经议会批准不得使用。

(2)独立、专业的审计机关的监督。2001年,国家审计署从芬兰财政部分离出来,直接向议会负责,最高审计长由议会直接任命。这样的设置,使议会可以了解到更多信息,从而更好地强化监督效果。此外,议会还设有国家审计专员,其主要任务是按照议会的需要提供有关项目评估,职责近似于研究人员。议会审计专员与国家审计署保持着良好的分工合作关系。

(3)社会公众和新闻的监督。针对预算的执行情况,议会财经委员会可随时对政府部门进行质询,新闻媒体会对质询的情况进行公开报道。社会公众也可随时通过官方网站对预算执行情况进行监督。

三、学习与借鉴

我国的财政监督管理工作已经取得了很大成绩,但随着形势的不断发展变化,工作要求也越来越高。从芬兰有效的监督管理经验中,我们可从如下几个方面进行学习和提高。

（一）进一步完善预算监督管理机制

探索开展从程序性审核过渡到实质性审核。通过不断加强和完善预算编制监督机制，促使各单位的预算编制更加合理、规范。

（二）进一步完善财政系统的内部监督管理机制

加强对财政业务机构履行职能情况的监督。完善财政内部互动制度，加强信息反馈机制，拓宽内部检查监督工作面和深度，深化监督工作的预警防范作用。

（三）积极探索具有中国特色的财政资金绩效监督评价制度

芬兰在预算编制过程中，强调预算编制的科学性，并且从效果的角度出发合理配置财政资源。而其中的一个基础就是注重出台一套完整的预算评价体系。近年来，我国预算管理工作不断向前改革推进，在部门预算、收支两条线、国库集中支付等领域作出了重大改革，但是仍然存在预算编制不够明细、预算科目不精细、预算执行透明度不高等问题。因此，要进一步完善预算评价体系，树立"以人为本"、"效益优先"、"绩效优先"的理念，在做好财政资金安全、规范监督工作的基础上，需要积极探索绩效监督和绩效评价，建立完备的绩效监督评价信息平台，把绩效监督评价结果与预算分配挂钩，提高财政资金使用效能，进一步打造绩效财政和阳光财政。

（四）进一步完善日常监督管理机制

当前，我国财政监督的计划经济烙印还比较深，财政监督仍以事后监督为主，主要是针对事后的被检查单位报表、账簿结果来进行，缺乏事前、事中监督。有鉴于此，可在坚持做好财政专项资金支出监督管理的同时，有针对性地逐步加大对税收征收、入库等收入环节，国库集中支付资金的审核等支出环节，以及日常随机检查、追踪问效等事中环节的监督力度。根据我国现有的经济、社会发展水平，结合我国的国情、国力，点面结合，优势互补，形成一个自下而上、立体保护的检查体系，逐步发展并完善科学化、精细化的全过程财政资金监督管理体系，从根本上、从平台上建立健全覆盖所有政府性资金和财政运行全过程的财政监督机制。

芬兰企业人力资源管理开发及其对我国的启示

蒋鹤芃

一、芬兰企业人力资源管理政策的背景分析

人力资源管理作为一种职业，现正在被芬兰的许多公司看成是管理理念和价值系统中的核心成分。芬兰人力资源管理职业化形成的原因与欧洲人力资源管理的发展具有密切关系。现代企业人力资源管理起源于美国，其所有理论都根植于美国的特殊背景。但当这些理论和实践传播到不同背景的国家和地区后，就形成了多种人力资源管理模式。由于芬兰企业人力资源管理政策植根于欧洲国家的特殊背景，其企业人力资源管理模式也体现出了典型的欧洲模式。

在文化方面，首先，欧洲文化崇尚理性和科学，强调逻辑推理与分析的理性，非常重视产品质量，追求技术完美，技术专家在企业占有绝对的领导地位。这种专家导向的观念也极大地影响了芬兰的教育体制。其次，欧洲文化崇尚个人价值，强调个人权益不容侵犯。因此，芬兰企业的人文主义文化比较浓厚，企业非常尊重员工，重视员工的安全与福利。再次，芬兰非常重视团队合作，员工之间也乐意合作，人际关系和谐。为了防止员工之间精神凝聚力的减弱，减少不稳定性或风险，甚至把团队精神"法律化"。

在法律方面，设立规章可以使企业的活动规范化、规律化，从而减少企业经营活动的不稳定性，减少风险。因此，欧洲各国都非常重视法律体系的建设。其中，涉及招聘、工资、培训和工会等人力资源管理方面的法律比较完备。欧洲各国在人力资源招聘、解聘和教育培训等方面的法律规定和条款比以法律完备著称的美国还要健全得多。芬兰主要通过立法，制定人力资源政策的基本方向、教育与培训、反歧视政策等等。

二、芬兰企业人力资源管理政策分析

芬兰作为欧盟的组成部分，在教育、招聘、培训以及文化建设等方面具有

突出的自身特点。

（一）教育

在芬兰人看来，芬兰良好的教育制度值得骄傲，通过教育，这个人口小国将人转变为最重要的资源。Pekka Yla-Anttila 也认为，人力资源是最宝贵的资源，芬兰通过教育来保持劳动力的高水准。他告诉记者，实际上芬兰的知识驱动型经济是从 20 世纪 80 年代后期才开始的，此前的芬兰经历了资源驱动、投资驱动的阶段。

"二战"后芬兰经济经历了长期增长后，不断加大在教育方面的投入。芬兰教育的投入占 GDP 的 6% 左右，高于国际水平。在芬兰全国各地分布着 20 多所综合大学，从人口平均拥有数来看，这在世界上也是很高的。

"从 1995 年到 2007 年，芬兰经济增速平均是 3.7%，高于欧洲平均的 1.2%。"阿尔托大学商学院教授 Matti Pohjola 告诉记者，芬兰作为高福利国家，其福利社会是建立在创新的基础之上的，只有创新才有发展。芬兰经济经历快速发展之后，也选择了将积累的财富更多地投入到教育上。

（二）招聘

在芬兰，企业招聘的主要方式是内部招聘。基层和中层管理人员主要来源于企业内部。一般来说，绝大部分的岗位能从企业内部找到合适的人员，其余空缺岗位则公开向社会招聘，主要是面向大学生和专家。

外部招聘作为一种辅助方式，其来源主要是劳动力市场。部分依赖于雇佣机构，特别是招聘高层管理人员，35.1% 的中小企业通过雇佣机构招聘高层人员。通过拥有丰富资源和经验的雇佣机构招聘高层人员，不仅可以节约费用，还节省了时间。

随着科技日新月异的发展，在互联网刊登招聘广告、向全球人才招手，也成为当下的招聘模式之一，来自全球每个角落的履历表如雪片般飞至。其中以诺基亚为代表的芬兰公司更委托印度和中国的猎头公司招揽人才。

大量人才涌去芬兰，除了那里的公司福利好、假期多、社会保障制度完善之外，容易申请工作签证也是主要原因之一。据统计，诺基亚在赫尔辛基总部的外国雇员，现在已增加至 1000 多人，比当地人还要多。芬兰内政部负责移民事务的主管塔斯基宁表示："如果有人想将他们的知识贡献给芬兰，而我们又用得着，那么为何不让他们在这里工作？"

自由气氛也是吸引外国人在芬兰工作的重要因素。例如在诺基亚的研究中心，雇员可以选择清早 6 点上班，也可以选择在下午上班。

在对员工的挑选方面，芬兰企业注重招募具有多种技能的熟练工，而不是只具有单一技能的员工。这样做的目的在于让员工能从事多种工作，便于以后轮换工作，同时，也有利于员工的职业发展。芬兰企业广泛采用宣传手段吸引中、低级职员，普遍采用灵活工作时间来吸引招聘对象，对人员变动进行计划，一般是两年轮岗一次。

除了参考申请表和推荐信以外，公司更运用多种选拔手段，如心理测验、笔迹法、多人面试、个性调查问卷等。工作标准及技能要求都以职位说明书的形式进行详细描述。

（三）培训开发

在人力资源管理的实践中，培训是极其重要的一个环节。培训通常被定义为诸如提高技能、增长知识、改变行为的活动，它包括组织内部或外部提供的培训课程，还有指导、训练、潜移默化的影响等。培训对企业来说，具有战略性的作用，能帮助企业完成目标。培训能使员工具备工作所需的技能，也能够为员工分享经验提供机会。帮助员工更好地理解彼此的看法，从而增强组织的内在凝聚力，并且内在的凝聚力能降低缺勤率和流动率。根据 Smith 和 Hayton（1999）的研究，诸多因素影响着企业对员工的培训，如员工业绩的提高、员工的适应性、新工艺的投资、新工作的开展、经营策略的转变等。

芬兰向来就有人力资源培训开发的优良传统。随着经济全球化的发展，芬兰以构建学习型组织作为企业发展的新理念，大力推动员工的教育培训。

1. 职业培训

芬兰是世界上进行职业培训教育最好的国家之一。在芬兰，每个人在走上工作岗位之前，都要经过职业培训，农业生产也不例外。

芬兰的职业培训与工作实际有较强联系，包括增强接受职业教育和培训的学习者的就业能力，并使其从学校到工作的过渡更有效；扩展基于工作的学习，加强在工作场所的学习和学徒培训；强调质量保障，强化基于能力的资格培养，并通过技能的运用与展示来评价学习效果；承认学习者接受职业教育和培训前的学习所取得的成绩。

2. 在职培训

芬兰的在职培训主要着眼于提高员工的综合素质。企业重视通过脱产培训、与高校合作培训、内部进修等多种培训方式，促进员工不断更新知识，提高工作的适应性，提高员工工作的胜任力和晋升力。

工作场所的学习形式灵活多样，包括：经验学习、工作中有计划的培训、通过知识管理和计算机系统的学习、"教练"的咨询和指导、工作轮换、在岗培训、项目学习、标杆学习、团队学习等等。

同时，通过电子和网络等技术手段支持和促进工作场所的学习。经济的全球化也带动了通讯、信息的全球化。芬兰越来越多地利用计算机、因特网和电子通讯等技术系统的支持进行电子化学习，大大地提高了生产力，促进了团队管理的自动化、组织结构的扁平化和知识管理与学习系统的完善，支持了员工的学习以及快速而广泛的知识通讯与共享。

3. 全民培训

芬兰政府极其重视继续教育，以提高国民素质，各层次的公民每年都有进修的机会，进修已成为一种时尚。芬兰全民教育的发展满足了企业对各类人才的需求，从而更好地促进了企业的发展。并且，芬兰建立了更为便捷的终身学习的途径，包括将普遍适用的三年制职业教育和培训资格与高等教育相衔接，建立技术学院（非大学的高等教育部门），为成人提供更多的培训机会，等等。

（四）文化建设

企业文化被芬兰各公司公认为是激励员工、规范员工行为、增强凝聚力和塑造企业良好形象的有力武器。芬兰企业成功的核心就是企业文化建设，在芬兰每一个企业工业区，都有良好的文化基础：诚实、信任、合作、敬业、创新。诚实、信任成为中小企业合作的精神基础；偷工减料、投机取巧等行为被大家所鄙视；许多企业极富钻研和创新精神，通过自己的努力，拥有一门精湛的技术，并不断改善和发扬光大。

同时，现在的企业组织与员工关系发生了质的变化，由敌对走向真诚的合作。企业为了能够在越来越激烈的市场竞争中获得生存和发展的机会，就必须努力留住有能力的员工，而高素质的员工通常也都希望能在工作中实现自己的价值。这是一种互补的良性发展倾向，但是要做到这一点并不容易。一个优秀的经理人不但要使其部门获得高水平的绩效，而且还要在工作中给予员工以最大的自主权和自由度。正如芬兰一家制药公司的 CEO 所说的："我的管理理念很简单，首先必须保证员工获得成功，然后你自己才会成功。"

譬如 Rovio 公司在人才激励上，不但致力于发展具有市场竞争力的薪酬政策，而且还通过多种内部奖励计划和机制，诸如"股票计划"、"利润分享计划"、"创新奖"等奖项，重奖那些在公司价值观上有突出表现的员工。在建立员工对公司的归属感和企业自豪感上，Rovio 公司鼓励员工参加公司内外的志愿者活动，提供参与社区建设和公益活动的机会，培养员工的公共、环保、助人意识及社会责任感。

物质和精神上的激励只是 Rovio 公司人才激励管理的一部分，其更具吸引力的还在于公司为员工创造的宽松的工作环境和良好的工作氛围,以及所提供的先进个人发展工具和广阔的发展空间,Rovio 公司尊重员工的选择,使员工在工作中不断学习和创新。Rovio 公司的价值观和公司文化在这一点上再次起到了至关重要的作用,使 Rovio 公司像一块磁石,将人才牢牢地吸引在公司周围。

三、芬兰企业的人力资源开发对我国的启示

激烈的全球化竞争使得越来越多的知识和技术直接来源于工作中的实践和创新。因此,我国企业必须重视工作场所的学习。通过学习,提高人力资本的存量,为企业的发展和国家经济的增长注入动力。芬兰企业在这方面的做法和经验,给我们以启示。

(一)更新观念,真正树立"以人为本"的管理思想

芬兰企业强调以人为本,重视人力资源开发利用。他们认为"人才就是资本,知识就是财富,是企业的无形财富,是企业无法估量的资本",认为人才是企业的根本。相反,我国的许多企业就缺乏这种观念,忽视人才的开发培养、合理使用、有效激励等。因此,我国企业要想立足于激烈竞争的市场环境中,就必须更新观念、重视人才。

(二)营造科学的人才选拔和竞争激励环境

借鉴芬兰企业的人力资源管理政策,重视运用现代人力资源管理的理论和方法,建立人才选拔任用和激励机制,形成有利于优秀人才引进和发展的环境,具有重要意义。实行人员的公开招聘、择优上岗、合同管理;建立科学的绩效考评制度,保证结果的公平性;依据考评结果进行员工激励,强调精神激励措施的使用,如赋予员工工作自主权、给员工富有挑战性的工作、弹性工作制等等。

(三)拓宽人力资源开发的观念

鼓励工作场所的学习、学校学习、电子化学习相结合,发挥整体学习模式效果最大化。在我国,大多数企业存在一种定性思维,认为对员工的培育就是离开工作场所的培训,这种思维会导致三种后果:首先,企业认为平时工作太忙,无法安排培训;其次,离职培训费用高、时间长,企业因担心培养的人才流失而不愿投入;最后,造成领导和员工忽略了工作场所的学习和培训,有些

员工除非拥有正式的培训机会，否则不会主动更新知识，导致知识结构老化。

其实，每种学习模式都有其独特的作用，通过整合，可以促使总体学习模式的效果最大化。在工作场所，我们可以进行有计划的学习培训安排，也可进行"教练"指导、经验积累的非正式学习。计划好的学习、学校教育和培训能够系统地传授理论知识，培养个人学习、思考、分析、判断的能力和有关的专业技能，有助于形成个人的知识体系和框架；非正式的学习能使人快速掌握有关知识经验和技能，对工作绩效的改进有明显效果。两者必须相辅相成。另外，电子化学习能够建立现代化的学习系统和环境、提高培训质量，实现远程教学，有利于知识管理与共享，提供全方位信息交流服务，从而有助于进一步扩大学习效果。

（四）构建和谐的企业文化

企业文化能使员工产生归属感和荣誉感，激发员工的积极性和创造性，是吸引人才、留住人才的重要条件。因此，各企业应该清楚地认识到自身的不足，借鉴芬兰企业的优秀企业文化，建立自己独特的企业文化。构建以严谨、理性、科学、进取、信任为基础的文化内核；通过情感交流和心理沟通等感情纽带关怀每一位员工，使员工感受到企业的温馨；培养员工的主人翁意识，使员工自觉地参与企业管理；树立员工以企业为荣的精神，使员工积极投入本职工作；注重企业精神和价值观的培养，使员工认同和接受企业理念，与企业共成长、同发展。

参考文献

［1］赵曙明. 企业人力资源管理与开发国际比较研究［M］. 北京：人民出版社，1999.

［2］Cem Tanova, Halil Nadiri. Recruitment and Training Policies and Practices: The Case of Turkey as an EU Candidate. *Journal of European Industrial Training*, 2005 (9).

推进国家治理体系现代化：芬兰实践的考察

芬兰公共部门人力资源开发管理的
经验及其对广东的启示

黄海京

人力资源，是指在一定范围内能够作为生产性要素投入社会经济活动的全部劳动人口的总和。公共部门，是指在社会生活中相对于私营部门而存在的旨在提供公共产品和公共服务，以谋求公共利益和普遍福利的一套组织体系（本文泛指党政机关、国有企事业单位等提供公共产品和公共服务的组织和机构，下同）。公共部门人力资源开发管理，就是公共部门中的各类公共组织依据法律法规和人事政策，对其所属的人力资源进行战略规划、甄选录用、职业发展、开发培训、绩效评估、薪酬设计管理、法定权利保障等管理活动过程的总和。人力资源是国家的战略资源。公共部门在国家事业发展中处于核心地位，做好公共部门人力资源开发管理工作，在国家人力资源工作全局中具有十分重要的意义。

2012年5月27日至6月26日，笔者参加了第六期广东省公务员公共管理芬兰专题研究班，赴芬兰进行了为期一个月的学习培训和文化考察。其间，听取了芬兰公共管理学院（HAUS）举办的人力资源战略管理专题讲座，实地参观考察了芬兰经济发展部、坦佩雷市政府等芬兰中央和地方政府机构，学习和了解到该国在公共部门人力资源开发管理方面的先进经验，对于加强广东公务员队伍建设很有借鉴作用。

一、芬兰公共部门人力资源开发管理的做法和经验

芬兰是一个北欧发达国家，人口只有530多万，国民接受高等教育的比例超过80%，其科技创新和高质量的教育体系与教育质量在全球享有盛誉，被誉为目前世界上教育体制最完善、社会保障最优厚、最具创新力、最廉洁的国家之一。这与其高度重视人力资源特别是公共部门人力资源的开发管理密不可分。目前，芬兰中央和地方政府公职人员总数有54.6万人，占全国从业人员总数约25%；其素质普遍较高，其中35%接受过高等教育或研究生培训；平均年龄为44岁（2009年统计数据）；性别比例较为均衡，男性占51%，女性

占49%；人员利用率（实际工作时间占常规工作时间的百分比）达81.9%（2009年统计数据）；2009年公务员平均薪酬达3299欧元/月，约合人民币2.6万元/月。其公共部门人力资源开发管理的主要做法和经验如下。

(一) 突出人力资源的战略性

芬兰把人力资源看作国家的战略资源，向来很重视人力资源的开发和管理。芬兰普遍认为，人力资源是公共部门的生命，是公共部门最有价值的资本，是实现公共部门战略目标的根本保证。

1. 集聚大批一流人才到公共部门中来

这是完成公共部门战略任务的关键。为集聚优秀人才，按照芬兰有关公职人员管理的法律规定，公共部门必须面向社会公开招聘人才，体现公平、竞争、择优原则，打破地域、身份、职业、性别等界限（但较注重工作经历、经验等），往往要经过笔试、面试等程序的层层严格选拔，做到"不拘一格"选人才，确保了公共部门人才的高素质，使之人尽其才、人事相宜，从而为实现其战略目标奠定坚实基础。

2. 着力打造公共部门与人才利益共同体

在芬兰，普遍形成了这样一种共识：要让服务对象——公众满意，首先必须让本部门员工满意。只有员工满意了，他们才能最大限度地发挥聪明才智和创造力，为组织和社会公众效力。因此，首要问题是正确处理两者的关系，时刻把人才摆到十分重要的战略地位，坚持以人为本的管理理念，尊重和满足人才的合理利益需求和关切。其次，创造条件，搭建平台，充分发挥人才作用。同时，尊重人才，善于倾听人才意见，及时给予表扬和激励，使之获得应有的尊重，这样，公共部门对优秀人才既引得来，又留得住，并能激发其工作热情。

(二) 突出国民教育的基础性

1. 确立教育的基础地位

芬兰有一句名言："教育是芬兰的国际竞争力。"芬兰政府极为重视教育，视教育为兴国之本，始终把教育作为人力资源开发的一个基础环节。芬兰从学前教育到高等教育均实行免费制，小学到初中阶段实行学费、生活费全免，从高中到博士阶段免学费，国家建立财政援助学生体系，注重从多渠道培养人才，确保以高水平的教育成为公共部门提供源源不断的高素质人力资源的保障。

2. 始终把提升教育质量放在第一位

芬兰的教育质量很高，被誉为全球最均衡、学生成绩落差最小的教育体制。在其教育体系中，不仅有发达的普通教育，还有高水平的职业技能教育；芬兰中学生在国际经济合作发展组织"国际学生评价项目"中被评价为整体表现全球第一；芬兰的高等教育几乎被每一届世界经济论坛评为最佳教育，成为芬兰最炙手可热的品牌。芬兰虽然只有530多万人口，却设有20多所大学，人均拥有大学和图书馆的比例居世界前列。

3. 不断加大教育投入

多年来，芬兰对教育的投入每年都有所增加，在政府预算中，教育经费一直居第二位，仅次于对福利开支的投入。早在1995年，芬兰的教育投资占GDP的比重就达到6.5%，位于丹麦、瑞典、美国之后，排名世界第4位；1997年达到政府预算的18%，占GDP的9%，居世界最高水平。据欧盟委员会2008年发表的《教育进展监测报告》统计，2005年芬兰公共教育支出占GDP比例比欧盟27国的平均值高出1.28个百分点。近年来，芬兰每年的教育投入已达到财政支出的25%。除了政府资助的办学方式外，学校与企业结合、学校与科研机构结合也是芬兰实施高等教育和人才培养的重要途径。总体说来，芬兰对教育体系的塑造是成功的，芬兰拥有世界一流的面向市场经济和公共部门的教育系统和大学教育，成为公共部门人力资源开发管理的基石。

（三）突出人力资源培训的实用性

芬兰公共部门十分重视员工培训工作，将之作为提升员工知识和才能的重要抓手和有效途径。

1. 注重强化人力资本投资理念

芬兰公共部门将培训当作人力资本投资的重要载体，通过抓培训不断提高员工素质，提升工作绩效，从而使公共部门能够为社会提供更好的公共产品和公共服务。例如，我们学习培训所在的芬兰公共管理学院（HAUS）就是一所芬兰中央政府公务员的专门培训机构，常年为中央政府各部门公务员提供针对性培训，紧扣工作业务实际需要，讲求培训的实用性；芬兰海关总署还成立专门的培训学院，每年均对员工开展轮训，促进了员工素质的提高。

2. 注重推进培训社会化

芬兰注重利用和引入社会资源参与公共部门人力资源培训，增强人力资源开发的合力。职业技能培训、公务员继续教育等人力资源开发事务一般都招标外包，政府通过与企业和社会机构签订合同的形式，来约定企业在培训教育中的目标、义务和责任，并作为平等民事主体与企业和社会机构发生经济法律关系。通过有效借助社会资源，创新培训方式方法，大大提高了公共人力资源开发水平。

（四）突出人力资源管理的创新性

从20世纪末起，芬兰就成功地把一个资源型国家转变成了世界上最具竞争力的创新型国家之一，从信息通讯技术发展程度最低的国家之一一跃发展成为世界上ICT最专业化的经济，建立起了比较完善的国家创新体系。特别是进入21世纪以来，芬兰在达沃斯世界经济论坛的全球竞争力排名中已经有四次位列榜首。根据欧洲工商管理学院与世界知识产权组织联合发布的2012年度全球创新指数报告，2012年芬兰的全球创新整体指数仅位于瑞士、瑞典和新加坡之后，名列全球第4位。究其创新型国家建设成功的原因，首先是得益于公共部门人力资源的创新力。在20世纪90年代初，芬兰曾遭受自"二战"结束后经济合作与发展组织成员国中最严重的持续三年的经济大衰退，但其之所以很快实现从资源经济向知识经济的转变，成就了经济发展的奇迹，很大程度上是因为芬兰政府的精英们早在20世纪80年代初就创新性地提出创造知识经济发展新路径的战略。近年来，芬兰更加重视公共部门人力资源创新意识和创新能力的培养，将之作为教育培训的重要内容之一，尤其注重借鉴运用私营部门成功的管理手段和经验，不断创新公共部门人力资源开发管理理念，大大提高了公共管理绩效。

芬兰人力资源管理的创新性的主要表现有三：一是实施战略管理。其作用在于使公共部门认清形势、明确方向，动员所有可供支配的资源，按照既定流程有力、有序、有效地实现管理目标。二是实施目标导向型管理。在公共管理中采用绩效管理，有利于凝聚共识，并且在确保公共管理目标实现的同时，为建立和执行严格的问责制度奠定基础和条件。三是实施协同管理。这种管理模式使各公共部门在管理中目标、步调一致，避免政出多门、政策打架，增强了工作合力。

（五）突出人力资源考核评价与薪酬制度的科学性

1. 实施以结果为导向的绩效管理和考核评价

芬兰政府1990年决定实行绩效管理，1995年强制执行基于绩效的预算，2004年实施绩效管理和问责制改革，引入政府审计员制度。绩效管理的引入，进一步释放组织能量，大大提高了公共部门的行政效能。芬兰公共部门在员工绩效考评中，普遍采用以绩效为导向的360度评估，即除了上级对下级进行评价外，还包括下级对上级评价、同级评价、服务对象或客户评价及自我评价等方式，以此对员工的能力和绩效进行全方位测评，科学客观地反映员工的工作效率与质量，并把考评结果与薪酬激励等挂钩，从而激发员工积极性。

2. 实行以绩效为基础的薪酬制度

（1）全面实行工资集体协商。芬兰中央政府财政部下设政府雇主办公室，代表政府承担雇主的角色，其职责是规划与执行中央政府人事政策，同时还代表政府在中央层级与公务人员相关工会进行协商工资薪酬协议等。芬兰公共部门人力资源管理的一大特征，就是薪酬和其他工作条件均由集体协议决定，且层层签订薪酬协议，严格按协议执行。目前，除作为额外奖金的基于结果的奖励（奖金）外，芬兰国家行政管理部门的薪酬制度政策普遍通过集体协商实施。

（2）全面实行以绩效为导向的新薪酬制度。为提升公共部门效率，1992年，芬兰财政部对芬兰国家雇主的薪酬政策进行彻底修订，推出国家雇主薪酬政策计划，开始实行新的薪酬制度。1993年，芬兰政府雇主办公室和三个中央级国家部门的雇员组织在制定新薪酬制度的原则问题上达成一致意见，各级公共管理部门在中央政府制定的薪酬总框架和指导下经协商同意并执行新薪酬制度。目前，新薪酬制度已全面实施，兼具中央集权和权力下放的特征。新薪酬制度确定员工（适用于中层以下的所有人员）薪酬由基本工资（根据工作要求支付的薪资，占总薪资60%～70%，按月发放）、绩效工资（根据个人绩效支付的薪资，占基本工资25%～50%，一般来说是总薪资的15%，按月发放）和奖励工资（基于结果的奖励即奖金，一般来说是绩效工资的50%左右；主要以组织、团体、团队、集体和个人为单位进行考评和发放，每年发放1～2次）三部分组成，各有侧重，有力推动了实现良好绩效、激励、平等和公正，以及建立与劳动力市场相适应的薪酬水平调整机制等目标。

3. 在其他福利待遇方面充分体现人性化

在工作时间方面，一般情况下不让员工加班加点，特殊情况下需延长工作时间时，要按规定付给加班工资；在社会保险方面，除按国家规定为员工建立各种保险外，多数部门都结合工作特点为员工建立其他保险，如商业保险、家庭财产保险、子女健康保险、人身意外伤亡保险等。这些做法不仅增强了员工的归属感，还进一步激发了员工的积极性。

（六）突出人力资源队伍的服务性

考察和衡量芬兰公共部门对社会公众的服务性，廉洁度是其中最重要的标尺之一。芬兰公共部门的廉洁指数长期处于世界前列，被公认为世界上最廉洁的国家之一。芬兰在这方面已经探索和积累了一系列成功经验，其中最重要的一条经验就是,建立廉洁的公共部门人员队伍必须靠体制和机制保障。芬兰现行法律对行贿受贿的规定非常严厉,曾广为流传这样一句话:"公务员可以接受一杯热啤酒和一个冷三明治,但如果喝上葡萄酒那就危险了。"在接受礼品上,其法律规定公务员不能接受价值超过20欧元(约合190元人民币)的礼品,否则即可认定为"受贿"。

芬兰确保廉洁的体制机制保障主要体现在四方面:一是强化公职人员价值观教育。在芬兰,廉洁是公职人员必须树立的共同价值观,贯穿在日常工作和培训之中。这是内在的因素,使之不想腐败。二是强化多重监督。芬兰实行权力分散和制约,推行绩效管理和问责制,使之不能腐败。如建立完善议会、司法、审计、新闻舆论等监察机制,有效促进政府的廉洁和高效。三是强化公开透明。健全法制,严格程序,使之不敢腐败。芬兰法律规定,芬兰公共政策决策、公共预算、档案内容都在公民监督下进行和公开,就连国家议会的所有会议和表决都对全社会开放,并分别设有外宾、媒体、民众旁听席。四是强化高薪养廉。公职人员工资福利、养老医疗保险等待遇丰厚,使之不用腐败。

二、主要启示

芬兰公共部门人力资源开发管理的做法经验,对广东公共部门人力资源开发管理特别是加强公务员队伍建设有四点启示。

(一) 必须把人力资源作为最重要的战略资源进行开发利用

芬兰经济社会快速发展的一个主要原因,是多年来十分重视人力资源的开发。无论是中央政府还是地方政府,都把人力资源的开发放在重要的战略地位来认识、实施并在实践中不断创新。公共人力资源部门地位高、有权威,人力资源开发投入力度很大。芬兰各级政府都把为公职岗位挑选、培养优秀人才作为重要工作来抓。芬兰把教育作为人力资源开发的一个基础环节,优质的教育为公共部门提供了充沛的优秀人才。在广东省,很多党政部门和国有企事业单位对人力资源的战略性认识不足,有些还受到传统的专制思想、人治思想以及身份等级思想的影响,以一种超常的历史惯性,严重影响了人力资源的开发力度。传统的干部人事管理观念和做法还相当普遍,以业绩为取向的人才价值观、以人力资本为核心的人才开发观、以市场需要为方向的社会化服务观还没有形成。在现行财政体制下,用于政府等公共部门人力资源开发的专项经费很少,而且常常难以落实,使公共部门人才创业机会和发展空间受到限制。

(二) 必须把以人为本理念贯穿于人力资源开发管理的全过程

芬兰"以人为本"的文化理念，既强调"满足人"，又强调"依靠人"，实现了二者的有机融合；公共部门人力资源开发管理既满足经济社会和公共部门自身发展需要，又满足人的自我发展需要。因此，其人本理念和人力资源开发管理在价值取向上是一致的。我国也强调以人为本，但人们习惯于把人作为经济社会发展的工具来看待，注重"依靠人"而忽视"满足人"，甚至"见物不见人"。例如，广东省的有些党政机关和国有企事业单位忽视人力资源开发，甚至将此视为额外负担，舍不得花钱对员工进行培训提高，在维护员工休息权、健康权等合法权益方面也做得不够。因此，在坚持以人为本、实现人的自我发展方面，我们还有很长的路要走。

(三) 必须加强公共部门人力资源的能力建设

加强培训和继续教育不仅对保持社会活力和进步十分重要，对公共部门而言更是如此。无论是选拔领导人还是考录聘用员工，岗前岗后的培训必不可少。芬兰政府高度重视培训和继续教育工作，遵循缺什么就补什么的原则，为不同层次的公职人员提供了门类齐全、针对性强的培训项目和课程，提升其素质能力，为芬兰社会管理进步提供了重要的基础。在广东省，公共部门人力资源的继续教育和在职培训未得到应有的足够重视，在很大程度上影响了公共部门人力资源的素质提升和活力激发，甚至导致公共部门特别是基层公共部门人才流失。

(四) 必须加强制度建设确保公务员队伍清正廉洁

芬兰公共部门的廉洁指数长期处于世界前列，主要得益于体制和机制的保障。其通过加强制度建设，形成公职人员不想腐败、不能腐败、不敢腐败、不用腐败的约束机制。在广东省，公职人员的腐败案件仍时有发生，说明反腐倡廉的制度建设还不到位，约束机制还不健全，亟待加大制度建设力度，切实把反腐倡廉工作纳入法制轨道，使清廉成为公职人员的价值追求和行动自觉。

三、加强广东公务员队伍建设的建议

借鉴芬兰公共部门人力资源开发管理经验，就加强广东公务员队伍建设提五点建议。

（一）强化人力资源是国家战略资源的理念，把公务员队伍建设摆到突出位置

21世纪的竞争是综合国力的竞争，归根到底是人力资源竞争。人力资源是国家社会和经济发展最重要的战略资源，关系到国家的兴衰存亡。公务员队伍是治国理政的核心力量，是重要的人力资源。必须从国家长治久安的政治高度，把加强公务员队伍建设摆到前所未有的突出位置，把优秀的人力资源集聚到公务员队伍中来，充分调动公务员队伍的积极性和创造性，为加快转型升级、建设幸福广东提供强大动力。

（二）强化现代人事管理制度体系建设，激发公务员队伍活力

要在《公务员法》的框架下，进一步探索建立与社会主义市场经济体制相适应的具有广东特点的公务员管理制度体系。积极引入市场竞争激励机制，坚持"凡进必考"，确保公务员队伍质量；进一步扩大党政领导公开选拔范围，大胆推行竞争上岗，真正形成能进能出、能上能下的用人机制；加快推进公务员分类改革和聘任制改革，完善聘任合同管理，建立聘任制公务员社会养老保险制度，创立"地方年功积累金"制度，激发各类公务员的活力。

（三）强化分层次多元化的教育培训体系建设，提高公务员队伍整体素质

按照建立学习型机关和实现终身教育的要求，以公务员国际化为培训目标，以"四类培训"（初任培训、任职培训、业务培训、在职培训）为基础，以境外培训为补充，致力打造一支适应市场经济要求的高素质、善理政、能创新的广东公务员队伍。创新培训手段，对培训内容进行个性化设计，开展"菜单式"培训，满足公务员实际培训需求。积极开发建立全省公务员远程教育综合服务平台，使公务员可随时随地通过上网接受培训。积极引入社会力量参与培训，整合优化培训资源，凝聚增强培训合力。加强培训效果跟踪评估，把培训作为公务员年度考核、职务晋升等重要参考依据之一，确保培训质量。

（四）强化兼顾效率和公平的工资福利制度建设以激励公务员

在薪酬激励方面，调整公务员工资结构，适当拉大级差；设立绩效奖励金，以科学的绩效考核体系为指挥棒，按照可量化的贡献大小，拉开档次，发挥薪酬的激励导向作用；加快推行职务与职级并行、职级与待遇挂钩的制度，拓宽基层公务员上升空间，提高基层公务员待遇水平。在非薪酬激励方面，优

化公务员的各种福利，包括福利补贴、社会保险、休息休假等，提高受教育程度，提供更好的职业发展机会、团队工作方式，创造更好的施展才干的空间，等等。在激励机制建立过程中，要充分考虑各类单位及公务员的特殊性，充分体现激励机制的个性化差异。

（五）强化反腐倡廉制度建设，树立公务员为民务实清廉的形象

注重思想教育，开展理想信念和社会主义核心价值观等教育，使为民、务实、清廉内化为公务员的价值追求和自觉行动。注重法治思维，建立健全预防和惩治腐败的制度体系，把反腐倡廉工作纳入法治轨道。注重公开透明，实行"阳光行政"，凡是不属国家秘密和法律法规规定不能公开的，一律向社会公众公开；探索实行公务员财产公开申报制度。注重权力监督，建立健全人大、政协、纪检、监察、舆论、群众等多位一体的监督体系，形成对公务员行使权力的有效监督网。注重激励预期，探索建立公务员廉政年金制度，每年由财政把一定数额的廉政年金存入公务员个人账户，到退休时能始终保持廉洁的，则可一次性提取廉政年金作为奖励。注重铁面执纪，严惩公务员各种违法违纪和腐败行为，使腐败分子无处藏身。

第二部分　产业转型升级与环境资源优化配置

芬兰文化创意产业发展及其对广东的启示

林少珍

文化创意产业是在当今知识经济大背景下，文化、科技与经济互相渗透、互相交融、互为条件、优化发展的新兴产业形态，具有无污染、低能耗、高附加值等显著特点。世界创意产业之父约翰·霍金斯在《创意经济》中指出，全世界创意经济每天创造220亿美元的价值，并以5%的速度递增。在一些国家，增长的速度更快，美国达14%，英国为12%。统计显示，2002—2006年世界经济的增长率为3.2%，而文化创意产业增长率则达到5.2%。特别是在应对2008年的金融危机中，许多国家和地区都把文化创意产业当作扭转经济局势、催化经济转型、实现产业升级的主要手段。在美国和日本，文化创意产业规模甚至已超过传统的农业、工业、交通和建筑等行业，成为国民经济的重要支柱。

一、文化创意产业的内涵

作为新兴产业，文化创意产业目前在世界范围内没有一个统一的称谓，在英国、新西兰、新加坡等国家叫创意产业，美国、加拿大、澳大利亚等国家称之为版权产业，在西班牙叫文化消闲产业，在日本、韩国、德国、荷兰等国家叫文化产业。

世界上最先使用"文化创意产业"概念的是我国台湾地区。2002年，台湾地区经济建设委员会将"文化创意产业"列为"挑战2008重点发展计划"中的一项，并将其描述为"源自于创意或文化积累，透过智慧财产的形式与运用，具有创造财富与就业机会潜力，并促进整体生活提升之行业"。2006年

8月,在中共中央办公厅、国务院办公厅印发的《国家"十一五"时期文化发展规划纲要》中,"文化创意产业"首次在中央文件中正式提及,我国文化创意产业的发展由此提升到了政策性的高度。

那么,什么是文化创意产业?不同的学者因为学科差异和研究范式不同,各抒己见,众说纷纭。较有代表性的是中国人民大学金元浦教授的观点,他认为,文化创意产业是在全球化的条件下,以消费时代人们的精神、文化、娱乐需求为基础的,以高科技的技术手段为支撑的,以网络等新的传播方式为主导的一种新的产业发展模式。它以文化和经济全面结合为自身的特征,是一种跨国、跨地域、跨行业、跨部门、跨领域重组或者创建的新型产业集群。它是以创意创新为核心,以知识产权为根本,贯穿生产、流通、消费等产业发展全过程的新型的产业集群,向大众提供满足其文化、娱乐、精神、心理方面的需求的新兴产业形态。

显然,一方面,文化创意产业是在文化产业基础上发展起来的新型产业概念;另一方面,其诞生和发展建立在制造业充分发展、服务业不断壮大的基础之上,是第二、三产业融合发展的结果。文化创意产业中既有设计、研发、制造等生产活动领域的内容,也有传统产业中的一般服务业,更有艺术、文化、信息、休闲、娱乐等精神心理性服务活动的内容,是现代服务业的高端组成部分。众所周知,传统工业社会的经济增长以资源的巨大消耗为代价,而文化创意产业的核心是创意,核心生产要素是信息、知识,特别是文化和技术等无形资产,依靠文化、创意、科技的结合,文化创意产业大大降低了对能源、土地等有形资源要素的消耗和依赖,减轻了经济增长对自然资源和生态环境保护的压力,符合知识经济时代可持续发展的要求,所以说,文化创意产业是最具增长潜力的高附加值的朝阳产业。

二、芬兰文化创意产业发展情况及主要举措

芬兰是拥有535万人口、33.8万平方公里国土的北欧国家,是诺基亚公司总部、"愤怒的小鸟"游戏开发商Rovio公司所在国,是当今世界上公认的全球最具竞争力的创新型国家之一。经过20多年的努力,芬兰文化创意产业发展成绩斐然,实现了从资源小国到创意强国的跨越,其创意设计、动漫游戏、工艺美术、建筑与工业设计等方面都走在世界前列。值得一提的是,首都赫尔辛基、埃斯波、万塔、拉赫蒂、考尼埃宁5座城市组成的大赫尔辛基区击败了全球26个国家的45个城市,当选为2012年"世界设计之都",是继意大利都灵(2008年)和韩国首尔(2010年)之后获此殊荣的第三个城市,这项

荣誉是独一无二的,是由国际工业设计协会主导,特别表彰那些在吸引设计人才、推广设计理念、强调发掘城市活力战略上作出突出成就的城市的。

芬兰文化创意产业也是在文化产业的基础上发展起来的。从定义方面来看,20世纪70年代之后的芬兰就有研究者试图为文化产业进行定义。最近的研究将文化产业定义为与版权相关的细分产业,这就包括电脑软件、信息系统、广告和大众媒体,以及传统的图书出版、电影、音乐、视觉艺术、表演艺术、建筑、设计和摄影等等。最近的《国家创新性报告》将创新性作为其立足点,而在文化产业的定义上,更倾向于使用英国的创新性产业的概念。从产业发展实际来看,曾以森林产业为重要出口产业的芬兰,20世纪90年代初发生了严重的经济衰退,GDP下降,失业率大增,芬兰政府决心改革,以发展高科技来提升国家的竞争力,强调科技政策的目标即把芬兰建构成一个以知识为基础的社会,同时也认识到在迎战知识经济挑战方面,文化产业的概念只是其中一环,但却具有相当重要的意义,当创意思考成为一个很重要的新兴服务业时,文化的意义将会在很多原本的商业机制中产生附加价值。因此,芬兰政府结合文化、经济和科技三个领域,将文化产业放入文化政策的施政理念中,建立一个适合文化经济的平台,以先进信息科技设备作为文化创意与营销通路的载体,着意提高商业机制的文化附加值,在极力主张发展信息工业之余,也期望在创意产业上有所发展并占有一席之地,使其更具效益性及竞争力,甚至扩张版图至国际市场。调查显示,1995年,芬兰创意产业实现了480亿芬兰马克的销售收入,提供了66000个就业岗位,超过13600家企业参与文化产业经营,占芬兰注册企业数的7.2%。概括起来,芬兰主要从以下六个方面推动文化创意产业加快发展。

(一)设立专门机构,为文化创意产业发展提供政策支持

1997年3月13日,芬兰政府集合学术界、艺术界、产业界以及政府的教育、文化、经贸等部门的相关人员,共同组建了"文化产业委员会",并赋予其任务与目标。主要包括:①检视全球文化产业的发展状况;②研究欧盟现今相关文化产业的目标与计划;③勾勒出现阶段芬兰文化产业的发展状况与前景;④与其他各部门合作,提出促进芬兰文化产业发展的行动方案;⑤以文化产业的观点对芬兰文化政策的新指导方针提出建言。

芬兰文化产业委员会成立后,随即开展了研究调查,彻底清查了国内的文化产业,收集和整理了文化产业的最新统计数据,并且将国内的文化资产数字化,以此建立了一个涵盖各个领域的文化产业的知识基础。1999年,该机构发表《文化产业最终报告》,详细阐述了芬兰发展文化创意产业的政策措施,

为产业快速发展提供了政策支持。为大规模促进文化、经济和科技的融合，芬兰出台了《2000—2004年内容创新启动方案》，强调以大力发展市场运作为依托，以现代传媒技术为平台的文化内容生产，把芬兰文化和由芬兰文化符号包装的物质产品推向世界，突出文化品位和精神含量，将文化资源优势不断转化为经济优势。

（二）提供资金支持，为文化创意产业发展提供必要保障

在文化创意产业的发展初期，政府的资金扶植具有非常重要的意义。芬兰采用中央和地方两级政府机构共同协作的方式，为文化产业提供直接资金支持。中央政府中的相关机构包括教育和文化部、芬兰艺术委员会等，而地方政府中的相关机构则主要是各地的文化办公室等。教育和文化部通过有选择的拨款对国家级艺术协会和文化组织提供支持，总额大约为4200万～4500万欧元，占其运营成本的35%左右。国家还通过为这些机构组织的文化活动、节日、展览等提供经费的方式进行支持，如赫尔辛基2012年"世界设计之都"项目，教育和文化部、就业和经济部提供共同的财政支持，金额达500万欧元。对艺术家的直接支持主要通过各种补助和津贴的形式进行，2005年发放了495项各种补助和津贴，总计1160万欧元，如果加上各种奖励、比赛、游学补助、材料成本等，2005年对艺术家的直接支持总额则为1400万欧元。此外，通过艺术委员会体系还有390万欧元的拨款，另外还有一个由财政部与教育和文化部共同运作的杰出艺术家津贴系统，地方上直接通过预算拨款的方式支持这些机构和组织。

除了政府来源的资金支持之外，文化产业从业者还可以从各式各样的基金会获得资金支持。同时，作为高福利、高税收的芬兰，政府对文化产业实行税收优惠政策，有关增值税的法律将文化产品和服务的增值税率定为8%，而标准税率为22%。所有这些，为芬兰文化产业的创新和发展提供了必要的保障。

（三）促进文化产业化，为文化创意产业发展营造市场环境

除了为文化产业化提供必需的资金之外，芬兰政府还积极做好文化产业化的服务支持工作，协调政府不同部门以及产业界之间的关系，创造文化产业化发展的良好环境，如扶持发展中小企业，提供相关的劳动力培训和咨询，大力利用信息科技等现代技术手段，鼓励大企业和中小企业通过电子商务等方式加强合作，利用网络等新兴技术手段销售文化产品，等等。

芬兰政府还积极采取各种措施，鼓励对文化产品进行品牌化经营，促进形成创意产业链，并将这种链条延伸形成规模经济，从而获得最大经济效益。例

如,从游戏"愤怒的小鸟"的风行,到坦佩雷市"愤怒的小鸟"主题乐园的建成,再到以游戏动漫作品为基点销售相关产品,已形成了一条完整的文化创意产业链,实现了将游戏、欢乐变为产业的梦想。近期,芬兰航空还开通了"愤怒的小鸟"国际航班,这架空客 A340-300 客机全身喷涂了"愤怒的小鸟"图案,由赫尔辛基飞往新加坡。美国宇航局专门为"愤怒的小鸟"拍摄宣传片,邀请"小鸟"做代言人,还与 Rovio 公司合作推出了"愤怒的小鸟太空版",该款游戏再次打破了所有的记录,10 天之内下载量超过 1 千万次。

此外,芬兰教育和文化部门认识到传统文化是未来新兴文化产业的重要资源,和环保部门共同保护文化古迹,将文化数据计算机化并提供给大众使用,并透过数字网络的技术进行文化保存与传播,使文化内容产物发挥更大的影响力并创造商机。

(四) 加强知识产权保护,为文化创意产业发展提供法治环境

加大知识产权保护力度、注重培育创新环境是建设创新型国家的重要任务之一。芬兰政府将保护知识产权上升到战略高度,并以知识产权保护为核心,构建完善的法律法规保障体系。1928 年加入《伯尔尼公约》,1961 年颁布《版权法》,1963 年加入《世界版权公约》。2006 年对版权制度进行根本性变革,严厉抵制盗版;出台《专利法》,修正相关法令,保护知识产权,鼓励创新。2007 年出台《大学发明所有权》,保护研发人员的所有权和报酬权。

为支持国家知识产权战略实施,芬兰设有知识产权战略实施部门,针对中小型企业发展也有支持部门,覆盖了知识产权、产业、产权等多方面。国家教育和文化部在工作范围内覆盖了版权与教育问题,加紧调研知识产权相关问题,了解各企业在知识产权实践方面的情况。除依靠法律外,还有行动计划,包括普及知识产权知识,提高全民知识产权意识,提高司法效率,做好版权与版权许可工作,而且十分重视数字版权的保护。为打击侵权盗版行为,芬兰设有创意产业艺术家职员企业协会、版权信息和反盗版中心等版权保护组织,向政府部门提出反盗版工作和版权保护工作的政策建议。例如,比较知名的芬兰反盗版中心主要针对音乐、视频为主开展反盗版工作,是一家运行 30 年的私立机构,与执法部门有着良好合作;反盗版中心有需要调查的案子,警察、海关等各部门都会积极配合。警方在民事、刑事案处理中,反盗版中心的技术人员都会提供帮助,同时还会对高级检察院、终审法官进行版权培训。

(五) 培育创新能力,为文化创意产业发展奠定良好基础

1990 年,芬兰从世界经合组织引入国家创新体系这一概念,通过制定和

实施科技政策、项目规划、开发应用计划等方式，整合科研机构、大学、企业以及政府相关部门，建立了国家创新体系，鼓励引导文化创新。其中，芬兰科学与技术政策理事会是系统中的战略性行为主体，负责高科技产业政策的制定。隶属于贸工部的芬兰国家技术发展中心（TEKES）是芬兰技术政策实施最重要的组织，它用于资助研发的经费约占全国研发支出的1/3，是各科技发展项目的"赞助人"，资助了诺基亚、伊塔拉等著名企业。隶属于教育和文化部的芬兰科学院是基础研究的资助和指导中心。隶属于国会的国家研究发展基金（SITRA）则是芬兰最大的风险资本家，主要以种子基金和启动基金的形式向处于启动阶段并具有创新能力的高技术公司和中小企业投资。同时，芬兰政府还建立了北欧地区最大的综合研究机构——芬兰国家技术研究中心（VTT），在全国设有14个经济开发中心，每年服务对象有近3000家企业、近50所高等院校、800多个研究机构。正是在芬兰政府的积极引导和大力支持下，企业对高新科技的兴趣不断提高，成为芬兰国家创新体系最基本的支撑元素。2010年，芬兰在科研创新方面的投入共69.7亿欧元，占GDP总量的3.97%。其中，最主要的投入来自企业，共投入48.5亿欧元，约占70%，这在世界上是最高的水平。

芬兰支持创新的机制有其独到之处，一是对创新的支持覆盖整个创新链。二是特别鼓励产学研结合。TEKES的资助，无论是对企业或是对大学和研究所，都要求对产学研合作进行研究。据统计，芬兰约一半的企业与高等院校、研究机构有合作项目，科研成果转化率达60%以上。瑞士洛桑国际管理学院在《国际竞争力报告》中评价，芬兰产学研结合在世界居第一位。密切的产学研结合，使芬兰成为世界上最为有效的国家创新体系之一，且一直处于稳定和良性的发展之中。

（六）重视和发展教育，为文化创意产业发展提供人才保障

芬兰政府信奉"教育是芬兰的国际竞争力"，重视教育使芬兰成为欧洲教育体系最完善的国家之一，也是文化创意产业得以健康发展的重要因素。早在1921年，芬兰就开始实施九年义务教育；1976年，采取小学基础教育和初中综合教育连贯的九年制义务教育体制；1998年颁布了《基础教育法》。芬兰普及教育的宗旨是不给学生考好成绩、升年级和获证书的压力，而是满足孩子天生的求知欲，循序渐进地教授他们知识和技能，促进学生的自主发展。而且，在教育内容编排上，学校将培养学生的学习兴趣放在首位，遵循个性化原则，除必修课外，还有选修课，学校不作统一安排，学生可根据个人兴趣爱好来选择。课程内容不只是专业课程，也涵盖其他自然人文教育，课程相当多元化，

如视觉艺术、戏剧、手工制作和家政等,还将建筑教育列为小学美学教育的一部分,每天要上 2 个小时相关课程直到高中毕业。同时,芬兰极其重视培养学生的国际化视野及解决问题的能力,部分课程采取"问题导向学习模式",提升学校教育与社会实践的结合,目的就是从儿童开始培养他们的创新意识。在芬兰政府预算中,教育经费始终处于优先保证的地位,即使是在芬兰经济出现衰退时,政府预算削减的主要是军费开支,教育经费不减反增。政府对基础教育阶段学生的投资年人均为 5100 美元,高中及职业教育阶段为 6500 美元,大学则为 11800 美元。高比例的教育投资使只有 535 万人口的芬兰拥有 20 余所大学,人均拥有大学和图书馆的比例居世界前列。

全民教育和高等教育的普及化,有力地推动了芬兰民众文化素质的全面提升,必然有力地推动了文化建设深入开展,也为文化创意产业发展提供了高素质人力资源。与此同时,芬兰文化产业委员会还着重加强文化产业教育培训,加强职业教育,培养文化产业的创造及营销人才,并且加强教育与产业界合作,使训练出来的人才有顺畅的就业渠道;此外,他们也提供在职者进修的机会,以适应文化产业日新月异的变化。

三、芬兰文化创意产业发展对广东的启示

近年来,广东文化创意产业获得了长足发展,具备一定产业基础,集聚度高,涵盖面广,形成了各具特色的发展区域和多样化的发展模式,但是与国外发达地区相比,还处于起步阶段,尚未产生巨大的经济效益,也存在一些问题。因此,积极借鉴芬兰等国家的先进成功经验,借"他山之石"来推动广东文化创意产业加快发展,实现新的跳跃并带动传统产业转型升级,就成为我们当前关注和探讨的问题。通过学习考察,笔者得到以下四点启示。

（一）出台相关政策,构建良好产业环境

从芬兰等国家的发展经验来看,凡是文化创意产业较为成熟的国家,其政府都制定了本国文化创意产业的发展战略和相应的扶植引导政策。尚处于初级阶段的广东文化创意产业,未来发展还有一段很长的路要走,需要政府强有力的推动,尤其是政策与资金上的大力支持。

首先,政府要完善文化创意产业政策,合理界定并规划好文化创意产业发展体系。根据广东实际,按照比较优势原则选择文化创意产业的切入点,如创意设计业、动漫游戏业、音乐制作业、广告业等,从战略层面上对这些重点行业发展进行导向,通过提供多样化公共服务等手段,引导包括文化创意人才和

企业投资等资源向重点行业集中,实现产业快速、优化地发展。

其次,政府应通过专项拨款、设立文化创意产业发展基金等形式,由政府财政或者发行国家债券筹集资金,对文化创意产业的主导行业和重要产品提供资金支持;或者提供信用保证,让融资者从传统的渠道取得资金,为文化创意的投资者建立交流平台;或者拿出引导资金,解决文化创意产业项目评估、担保、融资等问题。

再次,政府要进一步改革审批制度,放宽市场准入门槛和民间资本投资文化创意产业的限制,鼓励社会资本、境外资本对文化创意产业进行投资经营,实现投资主体的多元化、社会化,适当允许风险基金进入,通过监控引导资金良性运作;并将公有制文化企业与民办文化产业项目统一纳入广东文化创意产业发展的规划,坚持谁投资、谁所有、谁受益的原则,形成政府投入和社会投入相结合,多渠道、多元化的文化投入机制。

最后,政府可利用税收杠杆出台相关鼓励措施,对文化创意产业给予更多的支持和扶助,通过税金减免或免征、税利返还、差别税率政策来促进文化创意产业的发展。

(二)完善法律体系,注重培育创新环境

从本质上讲,文化创意产业是知识性产业,文化创意就是一种知识产权。所以,要营造适宜文化创意产业发展的外部条件,保护知识产权是核心因素,当务之急就是要建立完善的知识产权保护体系。

首先,要不断完善文化创意产业的法律法规体系。信息技术的日新月异给知识产权的保护提出了许多新问题。目前我国的法律尚存在一些不明确的地带,相关的法律法规还不完善,特别是在界定具有知识产权属性的文化创意产品的法律条文上还比较模糊,使得文化创意产业的发展缺乏相关的保护措施。因此要加强立法工作,尽快制定相关法律制度,完善"政府监管、企业自律、舆论监督、群众参与"的知识产权保护体系,加大文化科技知识产权保护力度,提高违法成本,以法律来规范文化创意市场,保证市场运行的稳定性和高效性。

其次,要依法行政,严格执法。根据所制定的相关法律法规,政府部门应加强对文化创意产业的宏观管理,力求规范和完善文化创意市场。在对文化创意产业进行具体管理时,应秉公执法,着重加强对知识产权的保护,依法对盗版、伪造、假冒等侵犯知识产权的行为进行严厉的制裁,为创意产品的知识产权和创意人才的收益提供相应的制度保障,营造充分发挥创意人才智慧的法制环境。

最后,应加强教育和引导,强化公众保护知识产权的意识,在全社会形成自觉保护和尊重个人原创作品的氛围,培养公众的道德观。要积极引导形成"自主"创新的风气,打破目前流行的"模仿式"创新模式,促进文化创意产业的健康发展。此外,政府还应当带头使用优秀的文化创意产品,组织与创意有关的展览、竞赛、宣传活动,鼓励公众特别是青少年积极参与业余文化艺术活动,提高大众对文化创意产业的认知;引导、刺激文化创意产品的生产和消费,为文化创意产业发展营造宽松的社会环境和文化氛围。

(三) 推进文化科技融合,增强文化自主创新能力

芬兰经验表明,发展文化创意产业的核心在于推进文化科技融合,积极培育创新能力。广东要在较短时间内实现跨越式发展,迎头赶上发达地区,就必须充分发挥科技创新对文化发展的重要引擎作用,大力实施科技带动战略,推动文化科技创新,增强文化领域自主创新能力。

首先,要加强文化科技领域核心技术、关键技术、共性技术攻关,以先进技术支撑文化装备、软件、系统研制和自主发展。重点支持文化内容创作生产、创意设计与展示领域核心技术和装备的研发,形成整体技术集成解决方案,构建具有大众创意分享与大规模协作特征的云创意平台,面向工艺美术、动漫、会展、服装、电子、建筑等创意设计开展社会化服务。

其次,要创建一批文化科技公共服务平台,提升文化科技融合支撑能力。加强资源整合,重点建设公共技术研发机构、重点实验室、企业孵化器等创新平台,为文化科技企业提供服务。同时要加强文化科技信息交流网络建设,促进创新要素的在线集成和共享。

最后,要完善文化科技创新体系,优化文化科技融合发展环境。加强产学研结合,促进文化企业与高等院校、科研院所、科技企业合作;积极开展与港澳台和国际文化科技交流合作。依托广东省文化产权交易所和深圳文化产权交易所,推进文化科技成果交易。

(四) 更新教育理念,加快培养创意人才

文化创意源于人才的创新思维,有创新才有创意,从这个意义上讲,创新型人才是文化创意产业发展的核心所在。发达国家创意产业的成功发展无一例外的都是依靠具有创新性思维的人才发展起来的。因此,广东要大力发展文化创意产业,就必须加快对文化创意人才的培养,尤其要注重对人才进行创造性的教育。

首先,要改善原有教育模式,侧重创意能力培养。要借鉴芬兰经验,重视

国民的创造性培养,从幼儿教育到学历教育再到在职培训,始终把学习知识与培养创新精神、创意能力进行有机结合。特别要从基础教育起就融入创造性教育的内容,加强创意思维培训的课程,使受教育者从小就建立必要的作为想象力基础的人文素质。而且,要转变目前教育体制下的"应试型"教学方式,建立宽松、平等的环境,让学生拥有一个发挥创意的空间,并尊重学生对知识的个人理解和开发性思维,鼓励怀疑精神和以富有想象力的问题解决思路,从小培养学生的独立性,才能养成独立思考的习惯,进而形成独立的创意。

其次,要鼓励有条件的高校设立文化创意产业相关专业或创意学院。一方面,尽快建设文化创意产业的相关学科,设置相关专业,而且在开设专业课程的同时,应打破学科壁垒,形成以一个学科为主、多学科辅助发展的学科体系,培养适应竞争的复合型创意人才。另一方面,要建立产学研相结合的平台,促进高校、企业、产业园区、研究机构以及培训机构的合作,建立文化创意产业人才培养基地,坚持培养与就业相统一的原则,把课堂教育与企业实践相结合,缩短学用落差,并能根据市场变化及时调整,培养多样化的、具备多方面能力的创意人才,使之适应创意产业的高成长性和高整合性。

最后,还应大力发展社会性教育培训,鼓励增加有关文化创意技能和知识的教育以及职业培训,使之与学校教育一起形成多样化创意人才培养渠道。

参考文献

[1] 金元浦. 当代文化创意产业的勃兴 [J]. 决策与信息, 2005 (4).

[2] 马群杰,杨开忠,汪明生. 台湾地区文化产业发展研究——台南与台北、台中及高雄之比较 [J]. 公共管理学报, 2007 (4).

[3] 金元浦. 我国文化创意产业发展的三个阶梯与三种模式 [J]. 中国地质大学学报(社会科学版), 2010 (1).

[4] 蔡承彬,蔡雪雄. 我国的文化创意产业发展现状及对策研究 [J]. 经济问题, 2011 (12).

[5] 李庆本,吴慧勇. 欧盟各国文化产业政策咨询报告 [M]. 郑州:大象出版社, 2008.

[6] 苏小茜. 芬兰赫尔辛基创意无时无刻 [J]. 创意城市, 2009 (11).

[7] 郑德涛,欧真志. 行政改革与社会政策模式的创新 [M]. 广州:中山大学出版社, 2009.

[8] 魏红. 全球化视野下的芬兰版权保护 [EB/OL]. http://www.cipnews.com.cn/showArticle.asp?Articleid=17228.

[9] 王丽华. 芬兰的崛起及我国的几点启示 [J]. 广东工业大学学报(社会科学版), 2003 (12).

［10］江沿. 从韩国、芬兰经验看自主创新中的政府作为［J］. 经济纵横, 2007（8）.

［11］顾作义, 颜永树. 广东文化创意产业现状及发展思路［J］. 学术研究, 2009（2）.

［12］吴存东, 吴琼. 文化创意产业概论［M］. 北京: 中国经济出版社, 2010.

推进国家治理体系现代化：芬兰实践的考察

构建创新制度和环境，推动广东转型升级

——以芬兰模式为借鉴

郭玉凤

一、芬兰的经济及创新概况

芬兰位于欧洲北部，有"千湖之国"之称，国土面积33.8万平方公里，相当于两个广东省的面积，人口约532万（2009年统计数据），不到广东人口的1/20。同时，芬兰的森林覆盖率非常高，占国土总面积的67%。在经济方面，芬兰是一个高度发达的自由经济体，而且是一个以高新技术闻名于世的国家，其经济成长速度超过很多欧盟国家，从1996年到2008年，其年均经济增长率为4.5%，并且一直拥有温和的通货膨胀率。2011年，芬兰国内生产总值2452亿美元，同比增长2.9%，人均国内生产总值4.6万美元，与其他西方发达国家相当。芬兰经济中比重最大的是服务业，占65%；其次是制造业和精细加工产业，占31%；第一产业只占4%。芬兰主要的工业产品是纸张和板材、电子产品和金属制品，诺基亚引领的工程设计和高科技产业已经成为芬兰制造业的领军分支产业。

在人口稀少、气候寒冷，除森林资源外没有其他重要自然资源的情况下，芬兰（1917年才正式独立）用不到百年的历程，从欧洲一个偏僻遥远、经济落后的国家发展成为今日世界上最富有的国家之一。近年来，其经济竞争力更是一直稳居世界前列，在高科技产业领域，尤其是在移动通讯、再生能源等领域，芬兰企业引领了时代的潮流。在创新方面，芬兰是全球人均研发资金投入最高的国家之一，也是欧盟成员中拥有实用新型专利数量最多的国家，同时还是北欧地区创新因素带来新产品销售收入比例最高（达15.6%）的国家。在芬兰，不论企业还是消费者都乐于第一时间采用新技术，这使得芬兰成为新技术新产品试制试验的理想之地。这些成功的关键得益于芬兰优秀的创新制度环境和对科学技术投资的良好政策。芬兰形成了政府资助、创新风险投资、企业技术创新和研发投入这一整套完善的自主创新体系，政府特别重视国家技术项

目、地区科技园区以及保持教育活力，使得经济上具备了强大的竞争力和可持续发展潜力。

二、芬兰的创新模式

20 世纪 80 年代，芬兰就开始组建自己的科技创新体系，这一体系以企业为主体、以市场为导向，注重产学研（企业、高等院校和研究机构）结合，政府则起宏观指导和协调作用。目前，芬兰形成了数个高科技产业群，拥有大批高技术企业，掌握着最先进的专业知识，其国家创新体系完善，产学研为一体的资助制度完备，产业集群创新服务机制优势明显，中小企业经济发达，注重国际交流与合作，拥有高质量的教育和廉洁服务型政府，这些为推动芬兰创新的发展奠定了坚实的基础。

（一）完善的国家创新体系

芬兰国家创新体系是从事科学技术创新活动的机构、体制安排、运行方式的总和，它覆盖全社会科技创新的网络组织，包括企业、政府、大学、研究院所、中介机构等，是一个市场行为和政府行为共同作用的体系（见图1）。

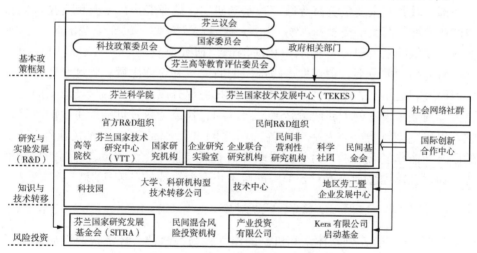

图 1　芬兰国家创新体系基本结构

该体系由基本政策框架、研究与实验发展（R&D）、知识与技术转移和风险投资四个部分组成。在基本政策框架层，芬兰议会和国家委员会起着主导作用，负责国家创新发展政策、战略方针的制定；芬兰科技政策委员会、政府相

推进国家治理体系现代化：芬兰实践的考察

关部门和高等教育评估委员会作为支持性机构负责政策的具体实施。在政府统筹规划下，由芬兰科学院和芬兰国家技术发展中心（TEKES）牵头整个国家的创新研究与实验发展，并由官方R&D组织和民间R&D组织共同承担具体研发任务。在知识与技术转移层，各大科技园、大学/科研机构型技术转移公司以及政府相关部门领导下的技术中心担负着创新成果转移、推广和商业化应用的重任，体现着产学研的密切合作。对于政府而言，国家创新是一项高投入、高风险的社会活动，为了保障国家创新建设的顺利进行、降低创新风险，芬兰政府组建了多个官方基金会为创新主体提供经济担保。此外，还有一些民间混合风险投资机构也为创新主体提供多样化的风险投资，确保国家创新系统的有效运作。

议会和内阁是芬兰科技创新政策的最高决策层。科技政策委员会作为政府内阁的顾问实体机构，在科技和创新战略与政策的制定过程中发挥着核心作用。各部门的政策决策者也通过科技政策委员会来共同协商战略与政策问题。科技政策委员会由总理领衔主持，高位的权力架构强有力地促进了各个部门政策协同与整合，而由科技政策委员会确定的战略和政策将提交内阁的经济政策委员会审议和发布。

在部委层面，承担创新政策制定与执行最主要的两个部委是教育部和就业经济部。教育部主要负责高等教育和基础研发，就业经济部主要负责技术创新与产业发展。两大部委执行和分配的资金超过了总公共研究经费的80%，其他各部委依托下属研究机构承担相应的部门研究职责。2007年，政府任命了部门研究顾问委员会，负责发展跨部门的研究，并总体协调、管理和监督国家部门研究。近年来，随着创新共同利益的日益提升以及狭义的科技政策向范围更广、内涵更丰富的创新政策转变，跨部门合作成为科技创新最主要的政策议题。以研究创新委员会为平台，各部门之间（特别是教育部和就业经济部）的联合与协作显著加强，另外，财政部具有贯穿整体经济政策各部门的特殊地位，通过预算程序和决策对各部门的政策也有着重要的影响作用。

（二）"产学研"一体的资助制度

"产学研"合作创新体系和机制的建立，为芬兰社会经济快速发展注入了强大的动力。20世纪80年代以来，芬兰在研发方面的投入增长速度是世界上最快的，即使是在20世纪90年代初经济大萧条时期，芬兰也没有减少在科技研发方面的投入。2011年，芬兰政府在研发方面的投入超过70亿欧元，占GDP的比例已达到4%，这个比例在经合组织成员国中名列前茅。

芬兰推动创新的核心力量是六大机构：由劳动部和贸工部合并建立的就业

经济部、国有独资的芬兰出口信贷担保公司、国会监管下的芬兰科技创新基金会、基础研究的主要支柱芬兰科学院、北欧最大的多学科研究机构芬兰国家技术研究中心（VTT）以及投资于研发的主要国立机构芬兰国家技术发展中心。其中，芬兰国家技术研究中心以及芬兰国家技术发展中心被看作芬兰投资于技术创新的关键部门。芬兰国家技术发展中心主要安排应用技术研发和技术转移的支出，资助并推进具有竞争力和挑战性的研发项目，促进芬兰产业和服务部门竞争力提升。芬兰国家技术研究中心关注"从科研到商业化的无缝连接"，在技术转移和转化、知识产权服务等方面给予企业较好的支撑，这些服务一般都只按照成本收取费用。

芬兰国家技术发展中心每年预算6亿欧元，用于2200个项目，涉及3000家公司和800个研究机构。2010年，在该中心资助下已完成的创新项目达到1600多项，其中，新产品392个，新服务406个，新的生产方式和程序317个，新专利562项。所有申请项目必须由国家技术发展中心360名专家基于项目本身的竞争性进行审批，优胜劣汰。

通常情况下，企业的研发项目必须要有高等院校或研究机构参与，高等院校和研究机构的项目必须要有企业参加，才能获得芬兰国家技术发展中心的资金。一个项目参与的高等院校、科研机构和公司企业越多，该项目获得资助的把握就越大。这种重视产学研结合的资助机制，对于推动科技成果转化和产业化起到了极为重要的作用。因此，芬兰技术研究成果商品化的速度比较快。这种强调产学研结合的资助机制，不仅能有效地使用有限资金提高研发质量，并对促进国家创新体系各要素之间的密切联系起到了极为重要的作用。据统计，在芬兰，与高等院校、研究机构有合作项目的企业约占50%，大大高于欧洲其他国家。政府的大力扶持激发了企业在研发方面进行更多的投入，进一步增强了企业的创新能力。企业、大学和研究机构联手进行创新活动，将科研成果推向产业化，加速了科技成果的转化，使研究成果几乎在产生的同时即转化为生产力，不仅进一步提高了企业的生产能力，还增强了企业的国际竞争能力，促进和扩大了出口，从而推动芬兰经济的发展。

在芬兰，政府和企业大量投资研究与开发的最终目的是将产品推向国际市场。为此，芬兰国家技术发展中心特别强调，新技术开发要能发展成为商业用途，有助于改善国内就业，促进国家经济发展以及社会、人文和环境发展，增加芬兰产品的国际竞争能力，促进出口。该中心在对新产品研制开发项目进行评估时，增加了对新技术产品进入市场，特别是进入国际市场可行性的评估内容，开发的新产品既要技术先进，又要具有市场价值，必须对芬兰的经济有促进作用，从而使新技术产品在开发阶段就充分考虑到该产品的国际市场前景，减少了产品开发的盲目性。

除了对芬兰企业和科研机构的研发项目进行资助外,芬兰国家技术发展中心还负责组织和实施重大技术开发项目。技术开发项目确定的原则是对芬兰经济和未来产生至关重要作用的科技领域。每一个项目一般持续3~5年,费用从1000万欧元到1亿欧元不等。技术开发项目涉及范围很广泛,由集中于某个关键技术领域的各种项目组成。这些项目代表着先进的科技发展方向和市场发展趋势。这些项目40%~60%的费用由芬兰国家技术发展中心投资,其余部分由参与项目的企业支出。

(三) 产业集群创新服务机制

20世纪90年代之后,芬兰选择了以产业集群带动经济发展,一举实现了战略转型,其在创新中所起的作用至关重要。

芬兰产业集群创新服务机制的成功运行,政府在其中起到了主导作用:以国家与地区政策引导,推动"技能中心计划"(COEP)为主线,辅以欧盟、国家、地方以及企业基金支持,成立专业化服务团队以非营利性机制运行,形成了具有芬兰特色的产业集群创新服务机制体系。

政策层面,积极推动"技能中心计划",引导产业集群创新服务机制环境的形成。芬兰的"技能中心计划"以建立国际水平的技能中心为基础,开展产业集群创新服务的引导与激励计划。到2006年为止,在全国形成22个地区级产业集群、5个国家级产业网络集群,覆盖了从传统产业到现代产业近30多个产业。从2007年开始,又实行"战略中心计划"(SHOK)。"技能中心计划"的宗旨是利用顶尖水平的技术和知识作为地区发展、创造就业、促动商业的资源。其基本做法:以一个定期的特别项目,把地方和国家的资源聚合起来,发挥高级专家的作用;以地区资源为主,突出地区产业特色,支持技能中心之间的合作;集中推动地区产业集群在国际竞争领域的发展。

地区层面,以科技园区为载体,搭建产学研平台,建立产业技术转移推动的主体。科技园区在芬兰地区性科技创新方面起了非常重要的作用。通过设立技能中心,科技园区把大学、技术院校与企业进行连接。同时,又通过各种团队式专业化服务部门,与地区性的产业集群联系起来,为企业提供各种各样的创新服务,形成了具有芬兰特色的完善的创新服务体系。企业、高等院校和研究机构通过"科技园"这一机构,构建起产学研三位一体的技术转移体系,是芬兰技术创新机制的另一突出特点。这种强调产学研结合的资助机制有效地使用有限的资金,促进了国家创新体系各要素之间的密切联系。政府鼓励产学研高度结合,同时鼓励各机构在科研和商业战略发展中以市场需求为导向,同

第二部分 产业转型升级与环境资源优化配置

时以科技园区等创新机构为产学研体系进行服务,有力地保证了这一体系的正常运行。

运行层面,每个产业集群都由产业集群专业服务团队进行推动,并多方筹集资金,以非营利性有限责任的特殊形式,推动各个产业集群技术的转移。每个科技园区包含了多个产业集群,如芬兰最具创新示范的 LAHETI 地区的拉赫蒂科技园有限责任公司。拉赫蒂地区存在着两个国家级产业集群,即清洁科技产业集群与木业产业集群;两个地区级产业集群,即机械产业集群、谷物产业集群。每个产业集群都有产业集群专业服务团队,挂靠在科技园区公司内。科技园区公司是以非营利性有限责任公司的形式存在。科技园区是非营利性的,对产业集群的创新性服务,以每个产业集群为载体筹集多方资金,公益性地推动国家与地方产业集群的发展。产业集群的基金支持是由三部分组成,即欧盟基金或者 TEKES 基金、地方政府与乡镇政府基金、企业资助,由科技园区有限责任公司进行管理,支持专业化委员会服务团队的运行。

以上三个方面,从国家政策、地区载体、非营利性的执行团队组成了芬兰产业集群创新服务的完整体系。芬兰从 20 世纪 90 年代开始运行本体系,期间不断实践,进行了三次大的修订与调整,终于形成完整的运行体系,现在已经列入欧盟支持计划。

(四) 注重国际交流与合作

芬兰是一个小国,其经济实力和资金有限。因此,芬兰必须在技术开发方面开展广泛的国际合作,有效利用国际技术和人力资源。同时,由于国内市场狭小,芬兰企业也必须开拓国际市场。

在技术国际合作方面,芬兰主动迎接挑战,推进国家创新体系的国际化,加强与其他欧盟国家在技术方面的合作,为芬兰更好地参与国际竞争与合作创造条件。为了加强芬兰参与国际研发合作的力度,芬兰国家技术发展中心不仅鼓励芬兰的公司企业和科研机构参与全球性的研发项目,而且非常注重支持芬兰的中小企业参与包括技术开发、技术转让和产品研制等方面的国际合作项目。芬兰中小企业在进行国际项目合作时,可以从芬兰国家技术发展中心申请获得启动资金。该中心还为芬兰的公司企业和科研机构进行国际科技合作提供专家服务,其专家向国外的科研机构和国际网络提供和发布有关信息,为芬兰的企业及科研机构同其他国家的企业及科研机构进行合作牵线搭桥,使芬兰企业能从国际研发项目的成果中获益,并进一步打开国际市场。

同时,芬兰的国际合作与交流非常具有战略性。2006 年,芬兰科学技术政策理事会决定推出国家科技创新战略中心计划,针对对芬兰未来社会、经济及产业发展具有重大意义的六大产业领域,由领域内的企业自愿形成企业集群,联合国内国际顶尖研发机构,组成非营利性有限责任公司,联合解决与研发产业内共性问题与技术。它主要关注前沿专业知识和技能,国际企业在中心的建设中将起到主要的作用。该计划将促进产业界与学术界的长期合作,为顶尖学术机构和应用学术成果的企业提供了一个广泛的、紧密的合作方式。

在国际市场开拓方面,由于芬兰国内市场狭小,芬兰贸易促进会在促进芬兰企业出口创新方面起着重要作用。芬兰贸易促进会是芬兰政府和企业共同参股,以商业服务形式向企业提供服务的机构。芬兰贸易促进会在34个国家和地区设有51个出口中心,一直密切跟踪所在地区和国家的市场变化,提供有关市场信息,寻找合作伙伴和新的市场。

（五）高质量的教育

芬兰的创新之所以能持续地贯彻,其高质量的教育起了关键作用。无论是在教育制度和体系方面还是在教育投入方面,都居于国际前列。

芬兰有一句名言:"教育是芬兰的国际竞争力。""二战"后,芬兰经济经历了长期增长,芬兰国家的教育水平也得到大幅提升。芬兰教育的投入占GDP的6%左右,高于国际水平。芬兰全国各地分布着20多所综合大学,从人口平均数来看,这在世界上也是很高的。从20世纪60年代起,芬兰就开始大力普及九年制义务基础教育,并实行免费高中和高等教育。芬兰教育经费在国家财政预算中所占比例高达18%,远高于美国和日本。国民的受教育水平普遍都很高,国民素质也相应地得到提升。懒惰和不劳而获与社会价值标准格格不入,会遭人鄙视,所以只要有劳动能力,没有人甘愿长期依赖别人生活、靠社会养活。

芬兰的教育体系成果卓著。世界经济论坛（WEF）全球竞争力指数将芬兰的教育体系评为全世界最佳。OECD的学生评估项目（PISA）调查显示,芬兰学生的自然科学、数学和语文综合学习成绩名列前茅。芬兰约1/3的工作人口拥有本科或更高学位。英语是芬兰高度国际化的商界人士的共同语言。30岁以下的芬兰人中90%以上能讲英语,而瑞典语则是仅次于芬兰语的芬兰第二官方语言,很多芬兰人还会讲俄语。

芬兰的劳动力队伍受教育程度高,电脑技能普及。世界经济论坛2008年的全球竞争力报告显示,就科学家和工程师在劳动力队伍中所占的比例来看,芬兰位居世界前列,且这类人都是由最高质量的教育体系培养出来的。芬兰劳动力队伍中还包含了大批拥有不同专业大学学历的专业人员。

在过去10年中,芬兰从事研发工作的人员从4万人增加到近8万人,相当于整个劳动力队伍的 2%，在经合组织国家中比例最高。过去 10 年中，博士学位拥有者的数量也翻了一番。

（六）廉洁服务型政府

在"透明国际"公布的《2011 全球腐败排行榜》上，芬兰的廉洁排名全球第二，此前，芬兰在这项排名中已连续多年获得第一。芬兰拥有严格完善的廉政建设制度。芬兰现有 12 万多公务人员，腐败案件每年仅有十几件，主要涉及失职渎职类，贪污、行贿、受贿案件极少。在芬兰，官员不想、不敢也不能腐败。

公民的自律是防止腐败最有效的手段。芬兰公务系统的廉洁主要是因为芬兰的社会风气好，芬兰人在日常生活中奉公守法已经成为习惯，整个社会形成了强大的正气。同时，严苛细致的法律规定以及无处不在的监管保证了公务系统廉洁的有效发挥。对芬兰的公务员来说，受礼和吃请绝对是天大的事，人际交往必须谨守分寸，法律规管十分严格，腐败成本十分高昂。芬兰的法律规定公务员不能接受价值较高的礼品，对"价值较高"还有细化的定义：根据物价指数调整，一般在 24 美元（20 欧元）左右。在芬兰，不仅接受金钱和实物算作受贿，就算是接受低于市场利息的低息贷款，甚至是接受不花人家一分钱的荣誉头衔，也可能被视为受贿。芬兰法律不仅细化可操作，更重要的是法律非常严肃，绝对不能当它是摆设。在监督方面，芬兰对公职人员的监督体制主要体现在政府监督、新闻舆论监督和公众监督三个方面。媒体发现问题可以曝光，公众发现不妥可以举报、起诉。例如，公务接待，一起吃饭的有些什么人、点了什么菜、花了多少钱，都要巨细无遗地在网上开列清单，人人可以看得到，件件能够查得清。

同时，芬兰法律规定，芬兰公共政策决策、公共预算、档案内容都在公民监督下进行和公开，就连国家议会的会议和表决都对全社会开放，并分别设有外宾、媒体、民众旁听席。芬兰的政府、市场与社会有着清晰的分工与界限，政府职能定位很明确，除了管理，提供更多更好的公共服务是各届各级政府的一个核心理念。公开透明的制度设计，确保职权在"阳光"下运行。

三、芬兰经济的转型升级

（一）20 世纪 90 年代的转型升级

没有森林就没有芬兰，一直以来，芬兰工业的基础都是建立在森工产业之上的,木材加工、造纸和林业机械等行业是其经济支柱。芬兰曾经是世界第二大纸张、纸板出口国和第四大纸浆出口国。闻名世界的诺基亚公司,在1866年时也只是芬兰中部小镇诺基亚河岸边的一个造纸厂。但到了20世纪90年代初,由于遭遇金融危机和1991年的苏联解体,对苏芬贸易严重依赖的芬兰经济遭受打击,芬兰的经济出现严重衰退,传统工业已难以支撑国民经济的持续增长,人均GDP从1990年的24890美元下降到1994年的18850美元。但芬兰很快依靠技术创新,通过信息产业的突破,进行产业结构调整和经济结构调整,走上了知识经济道路,为世纪之交的经济腾飞打好了基础。到2006年,芬兰人均GDP达到40180美元,超过日本、德国等发达国家。芬兰快速的转型升级成效,得益于政府的战略规划、科技投入、重点突破、保障措施。

1. 重视战略规划

芬兰在20世纪70年代末80年代初进入了是选择继续发展资源型经济还是发展知识型经济(智力型经济)的关键时刻。芬兰政府和各界人士普遍认为只靠芬兰仅有的自然资源(森林资源)和传统产业(木材加工和造纸业),只会进一步用竭资源、破坏环境,大家一致认为必须发展知识型经济。为此,政府在80年代成立了由芬兰总理担任主席的芬兰科技政策委员会;扩大科技投入,成立了为企业研究与开发(R&D)提供咨询服务和经费资助的芬兰国家技术研究中心。在全国先后建立了10个促进产学研结合的科技园。以政策为引导,几家大公司为领头羊大力发展高技术产业。由于80年代初芬兰政府的正确决定和80年代打下的基础,芬兰在90年代初遭遇经济危机后迅速恢复,迎来了新的经济腾飞,进入了芬兰历史上最辉煌的时期。1999年,芬兰高技术产品出口占全国商品出口的20%,为经合组织成员国第四,仅次于美国、日本和英国。

2. 重视科技投入

在产业转型升级过程中,芬兰政府认识到政府不仅要引导企业走向国际市场,同时要在芬兰国内创造一个公平竞争的市场机制,政府不干涉企业的决策和运营而应帮助培养芬兰企业在国际、国内市场上的竞争力,而这种竞争力要靠企业的新产品和新服务,新产品和新服务来自技术研究和开发、来自技术创新。政府要鼓励和帮助企业开展技术研发和技术创新,就必须加大科技投入。为此,芬兰政府在20世纪80年代成立了芬兰国家技术研究中心,通过该中心为企业提供技术研发经费资助。企业通过竞争可以申请到政府研发经费资助。芬兰国家技术研究中心的做法是:政府只资助企业技术研发项目的40%,企业自己必须投入项目的60%,这样,政府有限的资助带动和促进了企业对技术研发的投入。为进一步促进企业的技术研发高投入，1996年芬兰科技政策委员会计划到1999年R&D的投入要从1996年的占GDP的2.5%增加到占GDP的2.9%，因此政府就要在3年内增加投入15亿芬兰马克。芬兰政府出售国有企业股份，将收入投入R&D中。由于芬兰政府重视R&D的投入，其R&D的投入从1985年的占GDP的1.5%上升到1999年的占GDP的3.1%，为世界第二高。

1999年芬兰在R&D共投入223亿芬兰马克，其中，政府仅投入35%，企业投入65%。1995年以来，芬兰企业R&D投入每年增长15%～20%。芬兰企业R&D投入比率这么高，不仅是企业对于R&D的重视，更主要的是芬兰政府资助机制的科学性、合理性。

3. 依靠重点突破

芬兰政府清楚地认识到自己是小国，不可能在各个领域开展R&D，也不可能发展各类产业，因此根据芬兰国情和本国优势，在80年代末90年代初重点发展信息技术和生物技术。芬兰信息产业的龙头企业诺基亚公司，在20世纪90年代之前，通信只是其13个多元化经营项目中的一个，经济衰退后，公司将造纸、轮胎、电缆、家用电子等业务压缩到最低限度，或出售，或独立出去，确定了专业化发展的新战略，集中了90%的资金和人力从事通信设备和多媒体技术的研发。到90年代末，公司产值以每年50%左右的速度增长，1999年销售额为198亿欧元，手机产量和销售量为世界第一。

芬兰于20世纪90年代在全国建立了6个设备齐全、先进的生物研究中心，分布在全国各个地区，形成一个有效的网络。每年投入10亿芬兰马克，折合人民币15亿元（不包括纯应用研究费用）。到2000年，芬兰已研制出自己的生物反应器，研发出世界领先的生物医药和转基因动物，如转基因鱼、转基因牛，芬兰培养出的转基因牛数量是世界第一的。当时，芬兰生物技术的水平在欧洲仅次于英国和德国，为欧洲第三。

4. 强化保障措施

为推动科技产业化，芬兰政府制定了完善的措施和保障机制。在科技园政策方面，确定"科技园企业化，以市场机制运营"的模式；在风险投资政策方面，政府和私营风险投资公司共存，以政府风险投资公司为主；在对待科技型中小企业政策方面，政府在科研经费资助等方面向其倾斜；在人才政策方面，芬兰政府在教育上的投入占GDP的6.6%，为世界第五高，鼓励和培养学生毕业后自己创办企业。

（二）未来 10 年的转型升级

在欧债危机影响下，芬兰经济也受到冲击。虽然 2011 年芬兰经济增速仍保持在 2.9%，但是芬兰财政部公布的最新预测数字显示，2012 年芬兰经济增长速度将大幅下降。曾经风光无限的诺基亚也陷入困难重重的境地，2011 年诺基亚占芬兰 GDP 的比重是 0.8%，而这个数字在 2000 年一度高达 4%。目前诺基亚正在进行大规模重组和裁员，其欧洲工厂也被迫关闭。

不过，芬兰正在摆脱对诺基亚的依赖，重新燃起新的希望和信心。因为芬兰创造诺基亚的知识与能力还存在，芬兰已经有效地运行多年的国家创新体系，在推进创新中积累了多年的经验将继续发挥作用。芬兰政府果断宣布不挽救诺基亚，而是选择来自各领域、具有创新性的并可能在该产业发挥关键影响力的想法进行资助。2011 年，芬兰国家技术发展中心投入约 6.3 万亿欧元，支持 1896 个创新想法的发展。因此，芬兰软件业出现了"愤怒的小鸟"、"哈伯饭店"与"英雄本色"等著名软件游戏，在硬件业出现了如 ABB、Beneq 与 Savo 等太阳能电源系统公司。"愤怒的小鸟"等所代表的芬兰创意产业，将与环保技术、医疗保健和生命科学、新材料新工艺等多种新兴产业一起，成为芬兰经济下一个 10 年乃至更长时期内的战略产业方向。

四、借鉴芬兰创新模式，推动广东转型升级

广东是最先实施对外开放政策的省份之一，在创造有利于商业发展的环境方面作出了很多前瞻性的努力。在技术创新和应用方面，广东也走在了全国前列，其先进的制造业和战略性新兴产业发展较快。自 2008 年金融危机以后，广东更是开始大规模推行转型升级战略，坚持把技术创新和信息化建设作为构建现代产业体系的重要支撑，在运用现代技术促进产业转型升级上取得了明显成效。

但面对持续的经济危机和黯淡的出口前景，广东的转型升级遇到了自主创新能力不强的最大困扰。因此，广东需要借助其强大的市场导向经济模式和前瞻性思考，借鉴芬兰模式，继续强化从劳动密集型经济向技术密集型经济转变、支持自主创新、致力于更高程度的开放战略、打造健全良好的商业环境，构建"五位一体"的创新体系；以创新制度为基础，依靠中小企业和重大项目，加强国际技术引进，重视高科技人才队伍建设和引进，营造更适宜的投资和商业环境，推动广东更高质量和程度的转型升级。

（一）加强指导和协调，完善创新制度

1. 建立政府统筹协调机构

高位的权力架构能有力促进各个部门政策协同与整合。因此，应成立省创新发展委员会，由省主要领导牵头，科技、教育、经济、财政、税务等部门负责人为成员，定期召开办公会议，扎实推进创新制度完善、创新发展战略等相关工作，协调解决好创新发展的各种问题，促进战略性新兴产业、高技术产业、现代服务业和先进制造业等方面的创新。同时，协调组织实施省各职能部门创新发展战略的各项政策措施，在创新战略推动、目标责任考核、配套政策落实等方面开展督导。省创新发展委员会作为创新推动的最高决策层，在科技和创新战略与政策的制定过程中发挥着核心作用，其确定的战略和政策将提交省人大审议和发布。

2. 建立官产学研创新机制

官产学研的有效结合不仅能提升创新能力，还能提升创新转化成果。由经济管理部门、科技部门、教育部门牵头成立省创新促进局，类似芬兰国家技术发展中心的机构，安排应用技术研发和技术转移的支出，资助并推进具有竞争力和挑战性的研发项目，促进广东产业和服务部门竞争力提升。从而将政府、企业和大学有机联系起来，推动研究成果的市场转化，实现从科研到商业化的无缝连接。同时，加强与教育部、科技部合作，利用全国的科技教育资源为广东的自主创新服务。

3. 完善产业创新规划导向

创新要面向产业和市场才能持续稳定，因此，自主创新应以现代产业体系为核心，依托省部、院部、官产学研、科技与产业创新联盟等合作平台，积极推进科技成果产业化，进一步突出企业自主创新主体地位，加快构建企业自主创新公共服务平台，不断突破广东现代产业发展的关键核心技术，培育拥有自主品牌、自有核心技术和自主知识产权的"三自"优势型企业，完善具有广东特色的自主创新体系。这就要求广东加快落实和完善现代产业体系建设，在对全省现代产业体系建设进行战略部署的同时，明确现代产业创新方面的发展目标、重点领域和主要任务，形成比较完善的、促进现代产业体系创新建设的规划政策引导机制。

4. 完善财税和投融资政策

加大创新投入有利于强化创新效果，要研究制定从创意到技术到产品到市场的全产业链式扶持政策，尤其是财税和投融资政策。统筹安排各类创新和建设现代产业体系的省级财政性专项资金，国家中央预算内资金和省现有产业专

项资金，支持研发投资，支持企业在市场上尝试不同的技术，支持企业参与基于不同的技术和标准的创新活动，支持企业扩大新产品的开发和应用，对创新企业的以上活动提供特别的资金支持。强化税收刺激作用，切实落实企业研发费用税前加计扣除、高新技术企业所得税优惠、软件和集成电路产业企业增值税优惠、进口设备减免税以及其他国家促进战略性新兴产业发展的各项税收优惠政策。完善广东省现代产业社会资金投入引导机制，重点引导和带动社会民间资金投入。建立风险补偿机制，支持银行业金融机构综合运用各种抵押、质押、保证等单一或组合担保方式，为现代新兴成长型中小企业提供融资支持。鼓励设立创业投资引导基金，支持先进制造业、战略性新兴产业和高技术服务业等现代产业发展。

（二）支持中小企业和重大项目

1. 扶持中小企业

中小企业如同市场晴雨表，能精准把握市场需求，具备强大的灵活性和适应能力，这一优势也有助于它们培育创新。广东省中小企业数量最多，全省收入的3/4来自中小企业，为广东今天的成就作出了重大贡献。要培育创新，中小企业应该逐步成为中坚力量。要运用"多管齐下"的办法对中小企业予以协助，为中小企业提供培训和指导，通过一系列的专业服务，如法律服务、财税管理、劳动教育，以及为企业提供资助性的办公空间，以利于其发展，通过更快捷的监管和"一站式"审批促进高科技领域创业等，为中小企业的发展提供助力。还可以通过资金形式更直接地支持中小企业，针对私营高新技术企业设立特别免息的种子基金，针对拥有雄心壮志和人才资源的高新技术企业进行风险投资。与此同时，全面落实中央扶持中小微企业和广东省扶持中小微企业发展的各项政策措施，积极引导中央和地方金融机构加大对广东省中小微企业的信贷支持。

2. 放宽民间投资

支持创新发展应该调动各方积极性，尤其是促进民营经济的发展。因此需要全面落实国家鼓励民间投资的相关政策，鼓励民间资本参与国有企业改制重组，加快改革；切实扩大民间资本准入范围，鼓励和引导民间资本进入法律法规未明确禁止准入的行业和领域；严禁单对民间资本设置附加条件，打破市场垄断，营造各类市场主体公平竞争的市场环境，从而让民间资本进入公路、轨道交通、能源、电信等基础产业和高端新型电子信息、新能源汽车、新材料等战略性新兴产业领域，搞活经济，促进创新大发展。

3. 依靠重大项目

重大项目是实现创新的重要载体,旨在通过现代产业 500 强项目实施创新带动,抓好现代服务业、先进制造业、战略性新兴产业、优势传统产业、现代农业各 100 强项目建设,引领全省现代产业创新体系发展。同时,推进重大产业集聚区、重大项目和重大科技专项等"三重"建设和目标管理任务的落实,完善产业布局和基础设施省级协调机制,加快广州南沙、深圳前海、珠海横琴、中新广州知识城等重要平台建设,促进现代服务业、先进制造业、战略性新兴产业等现代产业加快发展,为创新提供更加有利的平台,为广东立足新起点、把握新趋势、建立新机制、增创新优势,建设具有较强国际竞争力的现代产业创新体系发挥积极作用。

(三) 加强国际合作与交流

持续的国际交流与合作能将创新视野引领到前沿和未来,应充分重视。利用广东国际咨询会平台,加强与省长经济顾问机构的战略合作。进一步采取举办广东与世界 500 强和境外大型企业合作交流会等形式,以产业转移园区、开发区、高新区等各类功能性园区为主要载体,以合资合作、并购重组、技术研发、共建营销网络等多种方式,加强与世界 500 强企业和境外大型企业在战略性新兴产业、先进制造业和现代服务业等领域合作,提升广东省现代产业创新发展水平。促进与国外创新合作,利用招商会、到境外投资等多种方式"请进来"、"走出去",构建广东创新发展对外开放合作机制。允许国外公司尤其是跨国公司参与到广东自主创新中来。加强粤港澳产业合作,深入推进广东和香港、澳门地区签订的合作框架协议的实施,以深港创新圈、横琴开发、南沙开发等重大平台建设为契机,积极推进区域产业创新跨境合作。利用扩大进口的契机,加快先进技术设备和关键零部件的引进,带动广东省战略性新兴产业、高新技术和高附加值产业的发展,进一步促进创新。

(四) 重视科技人才培养和引进

创新离不开人才。一方面,要加大教育投入,发挥高校的作用,积极为广东优势产业特别是新兴产业培养、储备人才,为产业长远发展提供支撑;另一方面,要优化人才成长与发展的环境,留住人才,设立广东省"人才成长基金"和地方科研项目配套基金,以事业引才,以事业留人,使科技创新成为人才流动的"洼地"和项目成长的"沃土",设立专项资金引进各类高层次人才和创新团队。同时,要进一步发挥已有人才的作用和潜力,积极组织开展学术带头人、科技创新人才评选等行之有效的活动,营造出人才你追我赶、不断脱颖而出的良好局面。

（五）打造国际化营商环境

1. 着力加快改革

改革有利于突破现有的制度障碍，激发创新和企业的活力。要加快推进行政审批制度改革，压减审批事项，减少现代产业体系建设的体制阻碍。深化重点领域、关键环节的改革，加快产权制度、要素资源价格形成、财税金融、社会保障等领域的改革，为现代产业体系建设营造良好的体制环境。打破市场垄断和价格垄断，推动形成各种市场主体公平竞争的格局，落实好民资民企进入现代服务业、战略性新兴产业发展的各项政策。加快转变政府职能，进一步下放行政管理事权，加大向社会放权力度，减少政府对经济的不适当干预。

2. 完善法律和监管体系建设

开放、灵活和有竞争力的市场，以及有效的促进商业活动的法律体系，将有利于创新的有效运行。应充分利用广东省开展"三打两建"的有利时机，在深入开展打击欺行霸市、打击制假售假、打击商业贿赂的基础上，加强广东省社会信用体系和市场监管体系建设，完善市场体系建设、市场要素流通、权益保障、知识产权保护等方面的法制法规建设，依法保护市场主体的合法产权、合法经营和合法权益，为现代产业创新发展营造规范、低成本、高效率经营的法制环境。进一步利用各级政府网站、新闻报刊等现代媒体平台，或采取现场发布会等方式，及时将现代产业发展规划政策、重大产业集聚区和重大产业项目建设情况向社会公开，广泛听取和采纳社会民众建设性意见，接受社会民众对广东省现代产业创新体系建设的监督。

参考文献

［1］许兴苗，王柏毅．芬兰的产学研合作创新［J］．教育评论，2011（3）．

［2］鲁礼瑞．芬兰产业技术转移的政策演进［J］．华东科技，2010（7）．

［3］程郁，王协昆．创新系统的治理与协调机制——芬兰的经验与启示［J］．研究与发展管理，2010（6）．

［4］龙怒．芬兰科技创新经验对浦东高科技发展的启示［J］．科技进步与对策，2010（4）．

［5］赵杨，胡昌平．芬兰国家创新系统中的信息资源配置机制及其启示［J］．图书馆论坛，2010（4）．

［6］鲁礼瑞，张雪容．芬兰产业集群创新服务机制对上海高新技术产业发展的启示［J］．华东科技，2009（7）．

[7] 胡勇，李占卫．政府在建设创新推动型经济中的作用——芬兰的经验与启示［J］．改革与战略，2007（3）．

[8] 黄海．芬兰产业结构调整战略［J］．全球科技经济了望．2000（9）．

[9] 叶建国．芬兰新的经济增长点正在出现［N］．21世纪经济报道，2012-04-18．

[10] 李伯牙等．芬兰创新体系：没了诺基亚，还可产生愤怒的小鸟［N］．21世纪经济报道，2012-04-16．

[11] 赵长春．芬兰：产学研互动走出创新舞步［N］．经济参考报，2012-04-12．

[12] 蒋蕴．经济发展转型升级介绍之二：芬兰［N］．浙江日报，2008-09-27．

推进国家治理体系现代化：芬兰实践的考察

从芬兰经验看广东实施创新驱动发展战略的政府作为

华 彬

近年来，在广东致力于从"经济大省"向"经济强省"的转型升级新阶段，对科技进步和创新提出了更加全面、更加紧迫的需求。为此，省委、省政府强调要大力提高自主创新能力、建设创新型广东，把实施创新驱动战略、推进科技进步和创新作为广东加快转变经济发展方式、推动经济持续健康发展的"最根本、最关键"的力量。但是，目前广东科技创新体系方面还存在着资金投入不足、主导业务不突出、缺乏人才和市场需求不足等问题，在较大程度上制约了自主创新能力的提高。在新的阶段，必须充分借鉴北欧国家和地区的先进经验和成功做法，更加主动地实施创新驱动发展战略，加快健全科技创新体系，以科技创新的新成果促进经济发展方式的转变，助推经济社会发展的新跃升。

一、广东创新体系建设存在的主要问题

（一）政府重视不够，资金投入不足

科技创新体系建设事关一个国家和地区的技术创新能力，关系到国家和地区经济的发展。综观广东科技创新体系建设，仍然存在诸多方面的不足。首先，硬件设施建设滞后。如部分地市生产力促进中心、科技企业孵化器、中小企业创业服务中心等相关的技术转移和创业服务机构数量相对较少，服务网络化程度还较低，跟不上日益增长的企业创新服务需求。其次，由于投入不足、经费紧张，创新人才的培养和引进受到限制。广东科技创新经费占GDP的比重一直低于全国平均水平，企业建立科技机构和开展科技活动的比例不高。

（二）创新机构规模偏小，主导业务不突出

目前，广东的创新服务机构按功能可分为三类：一类是为科技成果做进一

第二部分　产业转型升级与环境资源优化配置

步修改完善的设计、测试、工程化提供服务，如技发中心、工程设计中心等；第二类是为技术创新中产生的问题提供信息和解决办法的服务，如生产力促进中心、咨询公司等；第三类是为技术创新提供场所、设备等硬件服务，如科技园区、孵化器、融资租赁公司等。由于大部分机构是从政府部门分离出来的，缺乏清晰的业务定位和核心竞争力，专业化水平不高，特别是高层次的融资服务、技术评估、市场分析、市场开拓、人才与技能、信用咨询、创新战略、创新实施等方面的服务还较为薄弱，难以满足企业技术创新服务需求。

（三）人才结构不合理，高端创新人才缺乏

据有关调查显示，广东省的技术创新服务机构从业人员中，高、中级职称人员约占63%，大专及以上学历人员约占73%，其中硕士学位及以上的仅占12%。而且，从业人员大多从研究所、设计院、大学或信息分析部门等转化而来，专业的咨询知识、经验、技能及创造性十分缺乏，市场观念、系统观念和实战观念不强，难以为客户提供高质量的服务。进而导致社会对整个技术创新服务体系的不信任，弱化了市场对技术创新服务的需求，不能真正实现技术创新服务机构加快推动科技产业化的功能。

（四）企业缺乏正确认识，市场创新需求不足

广东许多需要创新服务的中小企业缺乏支付能力，加上企业对技术创新服务业的发展及对知识、信息和经验等无形资产的价值认识不足，有的企业甚至认为技术创新服务可有可无，这样的认识导致市场对技术创新服务的主观需求不足。同时，对大多数高新技术企业来说，虽然技术创新走在前面，但是在企业管理和经营等方面往往深受传统观念的束缚，对技术创新服务没有强烈的需求欲望。

二、芬兰科技创新方面的成功经验和做法

芬兰以高新技术和发达信息社会闻名于世，也是当今世界上公认的创新型国家之一。已经连续多年被世界经济论坛评为"世界最具竞争力的国家"之一，还被国际权威机构评选为"最具有创造力的国家"和"世界上技术革新程度最高的国家"。其成功经验和做法有以下几点。

（一）政府高度重视，不断加大教育和基础研究投入

芬兰政府非常重视科技创新。由芬兰政府总理主持的芬兰研发创新政策委

员会定期讨论有关科技的重要议题,并不断加大对教育和技术研发的投入。每年,芬兰政府在教育方面的支出仅次于社会福利开支,在国家预算中占第二位。芬兰政府在教育方面的大量投入,对提高国民素质起到至关重要的作用,完善的教育机制为国家和企业培养出大批具有创新能力的专业人才。多年来,芬兰政府在加强对教育投入的同时,不断加大对科研以及高新技术和产品研发的投入。20世纪80年代以来,芬兰在研发方面的投入增长速度是世界上最快的,即使是在20世纪90年代初经济大萧条时期,芬兰也没有减少在科技研发方面的投入。目前,芬兰政府在研发方面的投入在其国内生产总值中所占的比例已从20世纪80年代初的0.8%增加到现在的3.9%,这个比例在经合组织成员国中名列前茅。2010年,芬兰全国在研发方面的投入达到69亿欧元,其中,政府投入为30%左右,企业占70%。

(二)建立专业辅导机构,政府间接参与科技研发

这其中,直属芬兰就业与经济部的芬兰国家技术发展中心(TEKES)发挥了十分关键的作用。芬兰政府通过该中心对芬兰的技术开发进行投入。2010年政府在研发方面的投入达到20亿欧元,其中芬兰国家技术发展中心占6.1亿欧元。该中心专门为企业、大学和研究机构的研发和创新项目提供资金和专家服务,鼓励和加快新产品的研制工作,帮助企业将具有开发价值的设想变为科研成果,并迅速推向市场。TEKES主要为具有高风险性和创新性的研发项目提供无偿资助或低息贷款,目的在于创造新产品、新技术、新的服务、新的生产方式与程序以及新的商业理念。研发项目越具有挑战性和创新性,所获得的资助比例越大,具有挑战性的长期研发项目可以获得35%~50%的产品研制资助。除了对芬兰企业和科研机构的研发项目进行资助外,TEKES还负责组织和实施重大技术开发项目。技术开发项目确定的原则是对芬兰经济和未来产生至关重要作用的科技领域,每一个项目一般持续3~5年,费用从1000万欧元到1亿欧元不等。

(三)推动产学研互动,加速技术开发及科技成果转化

早在20世纪90年代,芬兰就已建立了适合本国经济发展的科技创新体系,即以企业为主体、市场为导向、产学研(企业、高等院校和研究机构)结合的创新体系。芬兰政府通过宏观指导和协调,鼓励企业、高等院校和研究机构密切合作,加速技术开发及科技成果转化,使科技成果快速转化为生产力。芬兰国家技术发展中心的主要作用是促进芬兰企业与高等院校及科研机构联合开发新产品。通常情况下,一个项目参与的高等院校、科研机构和公司企

业越多,该项目获得资助的把握就越大。这种重视产学研结合的资助机制,对于推动科技成果转化和产业化起到了极为重要的作用。据统计,在芬兰,与高等院校、研究机构有合作项目的企业约占50%,大大高于欧洲其他国家。成功的创新体系离不开风险投资,芬兰政府在风险基金领域也扮演着重要角色。芬兰国家创新基金会(SITRA)是一个以高科技为对象的风险投资基金,专门为创新高科技企业和科研机构提供融资贷款。它主要是以种子基金和启动基金的形式,向处于启动阶段并具有创新能力的新企业、高科技公司和中小企业投资,并利用所扶持项目获得的回报进一步扩大风险投资。

(四)加强国际技术合作,推进国家创新体系的国际化

芬兰是一个小国,经济实力和资金有限。面对创新全球化,芬兰高度重视和加强国际技术合作,尤其是与其他欧盟国家在技术方面的合作,有效利用国际技术和人力资源。芬兰国家技术发展中心还负责协调和资助芬兰科研机构、高等院校和企业,特别是中小企业参与国际技术合作项目。芬兰中小企业在进行国际项目合作中可以从芬兰国家技术发展中心申请获得启动资金。该中心还为芬兰的企业和科研机构进行国际科技合作提供专家服务,中心的专家向国外的科研机构和国际网络提供和发布有关信息,为芬兰的企业及科研机构同其他国家企业及科研机构进行合作牵线搭桥,使芬兰企业能从国际研发项目的成果中获益,并进一步打开国际市场。

三、广东推进创新体系建设的对策措施

(一)加强对基础研究的投入

研究开发本身就是重要的创新源,并且具有溢出效应,因此,各国政府都对研究开发,尤其是基础研究给予了财政支持。芬兰的财政激励政策分为研究开发的补贴与税收优惠两大类。补贴主要支持特定企业尤其是高技术企业的研究开发活动;税收优惠则主要是为从事技术活动的企业提供单一的、非歧视性的税收减免优惠,因而是一项普惠性的间接影响创新的政府资助形式。

有鉴于此,广东应建立和健全相关的激励政策。首先,要加大对创新的投入,特别是加强对市场失效或低效的领域,如基础研究、战略性研究项目和教育的投入。其次,要改变现行的由承担单位提供配套资金的做法,改为政府对企业的创新项目给予补贴。最后,要对增加研究开发投入的企业、对应用新技术开发新产品的企业、对产学研合作等给予税收优惠。对于高技术企业应减收

增值税，对于非营利机构要减免非经营资产转为经营资产的国有资产占用税和所得税，以推动科研机构和高等院校等事业单位的改制。

(二) 解决创新风险分担等问题

政府除在经常性的贷款项目中对创新有所倾斜之外，要特别注意建设风险投资机制。风险资本以长期股权投资的形式提供给企业的建立、扩张和收购活动，分担企业创业和创新的风险。它在推动高新技术产业化及高新技术企业创业方面的作用已被世界各国所承认。在美国，允许退休基金、保险基金和个人基金等涉足风险投资，允许小型高技术企业的股票上市（NASDAQ 市场），使美国拥有世界上最好的风险投资产业。政府推动风险资金的最重要措施是在股市设立第二板块，降低高技术企业上市的门槛，完善风险资本的退出机制。广东省政府可以探索设立创业与创新基金，一是作为创新项目的"种子资金"，二是扶植高技术小企业的创业，三是为企业创新项目的贷款提供担保。

(三) 加强对中小企业的倾斜支持

中小企业，尤其是民营科技企业是最活跃的创新群体，它比大企业有更大的平均创新能力，可以提供更多的就业机会，能够成为新的经济增长点。常见的推动中小企业的措施有：政府融资、风险资金、项目支持、信贷担保、公共平台建设等。同时，要鼓励中小企业建立战略合作关系，加强科技创新的合作。

(四) 重视对人才的培养与国际化

人才是知识的主要载体，是创新的决策要素，所以要特别注意培养一大批懂科技、会管理、善经营的企业家。可考虑稳定、引进、培养三管齐下：稳定现有科学家队伍，从工资报酬、住房、福利、职称等多方面给予支持；在国际上有计划有重点地广揽人才，吸引一批复合型人才，将之充实到创新活动中；并建立产学研合作培育人才的新机制。同时，还应加强鼓励人才流动的政策。

(五) 鼓励引导创新主体间的合作

应打破条块分割，拆除产学研之间、各部门之间以及中央和地方之间的藩篱，加强创新系统的整体集成。为此，应制定政策使各部门的计划在创新系统的基础上进行集成，鼓励通过创新改造传统产业、促进地方经济发展，鼓励技术改造、技术引进和科技计划的集成，如规定重大的科技计划必须有企业参与，大的技术改造和引进计划必须有科技部门参与，制定大规模的产学研合作创新计划以及大规模的产学研教合作创新计划。

参考文献

[1] 穆素娉. 促进科技创新文化建设浅议[C]//第三届科技政策与管理学术研讨会暨第二届科教发展战略论坛论文汇编,2007.

[2] 王大军,孙鸿连. 加强科技信息机构的创新机制 促进科技创新对策研究[C]//中国科协年会论文集(第13分会场),2006.

[3] 聂颖. 中国支持科技创新的财政政策研究[D]. 辽宁大学,2011.

[4] 邓平. 中国科技创新的金融支持研究[D]. 武汉理工大学,2009.

[5] 董向东. 科技创新能力培养路径探析[D]. 吉林大学,2008.

[6] 邓旭霞. 科技创新文化的生成研究[D]. 湖南大学,2008.

芬兰公共管理理念对广东省实行最严格的水资源管理制度的启示与借鉴

李湘姣

水资源作为不可替代的公共资源，是基础性的自然资源和战略性的经济资源，也是生态环境的控制性要素。2011年中央1号文件《中共中央国务院关于加快水利改革发展的决定》和2012年国务院3号文件《国务院关于实行最严格水资源管理制度的意见》，围绕提高水利公共服务能力和社会管理能力，针对所面临的突出问题和薄弱环节，对今后一段时期水利的改革与发展进行了全面的部署，提出要以实行最严格的水资源管理制度，构建水资源配置、节约和保护体系为重点，促进人与自然和谐和社会公平，实现水资源的可持续利用。实行最严格的水资源管理制度是提高水利公共服务和社会管理能力的迫切需要，不仅是水资源社会管理的重大创新和探索，同时也是加快转变经济发展方式的战略举措。广东虽然降雨丰沛，但是随着工业化、城市化进程的加快，水资源与水环境问题日渐凸显。近年来，随着"加快转型升级、建设幸福广东"的提出，水资源与水环境对社会经济发展的制约越来越大。为此，广东省委省政府高瞻远瞩，强调治水始终是兴粤的一个重大课题，要求水利要利生产、利百姓、利后代、利千秋；抓紧建立最严格管理制度，促进用水方式和经济发展方式的转变，充分发挥水资源对于促进经济转型的杠杆作用，从制度上促进经济社会发展与水资源水环境承载能力相协调；把实行最严格的水资源管理作为推动"加快转型升级、建设幸福广东"的重大举措。

一、芬兰公共管理概况

芬兰现有人口530多万，国土面积33.8万平方公里，森林覆盖率80%以上，是世界上森林覆盖率最高的国家之一，有着"千湖之国"的美誉，拥有20多万个湖泊以及32万公里长的海岸线。芬兰1917年独立，2002年加入欧盟成员国，是欧盟第六大国家，科研占国民经济总产值的3.5%，受过高等教育的人数占总人口的28%。芬兰是全球第六大竞争力国家，也是欧盟最具研发创新能力和可持续发展的国家。美国《新闻周刊》最新推出的全球100个国家"幸福排行榜",对各国的教育、健康、生活质量、经济竞争力和政治环境等五个方面的综合幸福感打分排名,结果芬兰超过瑞士、瑞典和美国等国家,名列第一。芬兰人的"幸福感"为何如此高,很大程度上源于芬兰较完善的政府管理制度和较高的公共服务水平。芬兰公共管理具有如下特点。

(一)深入人心的法治理念

芬兰的公共管理浸润着强烈的法治理念和法治精神,芬兰的公共管理不是靠个人的权威或某个领导的行政指令,而是靠制度、规矩,其基础则是公民的公共道德水准。这不仅体现为管理主体的严格依法办事,更体现为其有一整套公平的社会价值理念,芬兰民众普遍具有内向自律、善良宽容、诚信厚道、遵纪守法的优良民族传统。培育法治精神,除了要制定完善的法律法规体系,更重要的是全社会对法律要有尊重感、敬畏感。正如伯尔曼所说:"法律必须被信仰,否则形同虚设。"芬兰政府非常重视水体的立法保护,早在1963年就颁布了第一部《水法》;在水管理方面制定了明确的法律法规,各级政府及相应部门严格执法,各类企业自觉遵守规定且持续创新技术保护环境,当地民众通过协会等组织自觉保护湖泊、保护水源。

(二)公开的、严格的绩效考核理念

以结果为导向的绩效考核通过提供各个公共服务机构的绩效信息,引导公众作出正确的选择,从而对公共部分形成压力,迫使它们提高服务质量和效率;在公共部分内部,绩效考核和在此基础上的横向、纵向比较有助于形成一种竞争氛围,同样会起到提高服务质量和工作效率的效果。这种有效的绩效考核机制,是提高政府绩效,进而改善政府部门形象的有效手段。良好的政府部门形象会进一步提高自身的权威,减少行政治理活动中的阻力,降低公共政策的执行成本,推动经济发展和社会进步,形成政府与公民、国家与社会之间的良性互动关系。

(三)不断创新的管理理念

芬兰作为一个国土面积只有中国1/28的小国,其创新力一直在世界排名前列,不仅在科技上创新领先,而且在组织、运作、体制、机制等管理方面也创新领先。不断改革创新,是芬兰政府公共管理卓有成效的重要原因之一。政府部门在管理手段、方法和体制、机制等方面不断进行创新,注重管理的灵活性和适宜性,提出了公共管理质量评估模型,并不断对评估指标、评估程序等进行更新和完善；提出了战略管理平衡计分卡模式，将政府管理战略目标逐层分解转化为各种具体的相互平衡的绩效考核指标体系，并对这些指标的实现状况进行不同时段的考核，从而为政府管理战略目标的完成建立起可靠的执行基础；提出了渗透式文化道德价值观建立，从硬的措施（法规制度）发展到软的措施（文化道德）来防止腐败，通过这种内在的、深入人心的廉政文化建设，使人人都不想腐败，也使芬兰成为世界上最廉洁的国家之一。正是由于芬兰这种不断创新的管理理念，确保政府部门运作具有持续的活力，对部门的长远发展具有重要推动作用。芬兰水源很洁净，虽然芬兰有先进的水处理技术，但芬兰更重视水管理，认为水管理比水处理更具决定性，他们的一个重要理念是：只有从源头加强水管理，而不是强调末端治理，才能使水更干净、更有可持续性。

（四）"顾客至上"的服务理念

芬兰法律规定，芬兰公共管理决策、公共预算、规划实施、法规执行等都在公民监督下进行，公开和透明程度高，就连国家议会的会议和表决都对全社会开放，并分别设有外宾、媒体、民众旁听席。芬兰的政府、市场与社会有着清晰的分工与界限，政府职能定位很明确，除了管理，提供更多、更优质的公共服务是各级政府的一个核心理念。芬兰很注重公众参与环境保护，非常重视非政府组织在环境保护中的作用，提倡参与主体多元化。近年来，芬兰全国各地建立了许多环保志愿者协会和组织，政府积极地提供给这些协会和组织所需要的环保知识和信息，让每个人了解环境保护计划和措施，知道如何更好地保护环境。

（五）高效的公共管理组织理念

芬兰非常注重公共管理组织建设，中央政府由12个部组成，机构精简、职责明晰，部门间配合协调高效。一方面，积极推行绩效管理和问责制，下放权力，充分发挥基层公共组织的主动性和创造性，同时完善各公共管理部门间的沟通协调机制，形成推动工作的整体合力。另一方面，加强公务员队伍建设，严格执行以绩效为基础的收入分配制度，有效激发公务员队伍的责任心和积极性；吸纳专业人才和高素质人才，提高队伍素质和工作效能。芬兰政府下设的15个部门中有8个部门与水管理有关，但各部门分工明确、监管到位，因而，照样能高效地管理好水资源。

二、广东省水资源管理面临的形势

(一) 水资源形势

广东省降雨较充沛,全省水资源总量1830亿立方米,按最新的人口统计,全省人均水资源量1748立方米,不到世界人均水资源量的1/4,逼近国际公认的人均水资源量警戒线1700立方米。其中,经济社会发达的珠江三角洲地区人均水资源量更低,仅656立方米,接近国际公认的人均水资源量严重缺水线500立方米。广东省既是全国的用水大省,也是排污大省。近些年来,全省用水量持续增加,1997—2011年,全省用水总量从439.5亿立方米上升到464.2亿立方米,增长5.6%,其中,工业用水增加8.1%,生活用水增幅达72.0%。用水量的增加,一方面加剧了水资源供需矛盾,另一方面又加剧水环境污染。2011年,全省废污水排放总量达125.3亿吨,部分城市河段水体纳污大大超过环境容量,可利用水资源量减少,加剧了水资源的紧张局面。与此同时,广东省部分行业水资源开发利用方式仍比较粗放,总用水量大,且用水效率不高。目前,全省人均综合用水量443立方米,超出全国平均水平;农田灌溉亩均用水量高达747立方米,是全国最高的省份之一。

由于自然因素和人为因素的综合影响,广东省水资源时空分布不均,供需匹配不当,局部地区、个别时段水量不足,水质不良状况时有发生,用水效率较低,节水意识较淡薄。部分地区水资源供需矛盾日趋尖锐,主要存在资源性、工程性、水质性和管理性等四种类型的缺水,有些城市和地区多种类型的缺水并存,更加剧了水资源紧张局面。其中,水质性和管理型缺水是造成当前广东省水资源供需矛盾的重要因素,也是人为的、难以解决的首要因素,这些严重地制约了广东省经济社会的可持续发展。今后一段时期,广东省将全面进入建设幸福广东、率先基本实现现代化的新阶段。强劲的工业化、快速的城市化以及农业的精细化等对水资源提出了新的更高需求。在水资源总量有限而用水需求不断增长的情况下,单靠开源或跨流域调水,短期内难以从根本上解决日益突出的缺水问题,满足经济社会发展和人民生活水平提高对水资源的更高需求面临更大压力。因而,迫切需要改革和创新水资源管理理念、机制和体制,全面提高水资源管理能力和水平。

(二) 水资源管理主要成就及存在的问题

近年来,广东省水资源管理不断加强,取得了一些可喜的成就。①水资源管理体制改革成效显著。成立了省流域管理委员会和东江、西江、北江、韩江四大流域管理机构,地级以上市和大多数县(市、区)组建了水务局,以流域为单元的水资源管理体系基本形成,地级行政区域水务一体化管理改革基本完成。②取水许可管理日益规范。取水许可制度在全省全面实施并不断加强,未开展水资源论证的不审批,在地下水超采区取用地下水的不予审批,超出水量分配方案的不予审批,水质不符合水功能区要求的不审批。③水资源有偿使用制度全面落实。颁布了《广东省取水许可制度与水资源费征收管理办法》,2009年3月,省物价局、省财政厅、省水利厅联合印发了《关于调整水资源费征收标准的通知》,2009年4月1日起,全省执行新的水资源费征收标准。④大力推进节水型社会建设。取水许可制度、水资源论证制度、用水定额管理制度深入实施,深圳市、东莞市节水型社会试点工作成效显著,实施了东江流域和鉴江流域水资源分配方案。

尽管广东省水资源管理取得了一些成就,但必须清醒地认识到依然还存在一些问题。①水资源管理规章制度建设取得一定进展,但相关配套法规、实施细则等制定工作有待加强,而且执法监督工作还比较薄弱。②流域管理与区域管理相结合的机制初步形成,但流域机构与地方水行政主管部门间的事权划分有待进一步明晰,相互沟通、协作还需进一步强化。③水务统一管理机构已成立,但原涉水管理的市政、环保、建设、地质等部门的职责依然没完全划清界限,"多龙管水"、"政出多门"现象还在影响水资源的科学管理和综合效益的发挥。④人才与创新对水资源管理的支撑作用逐步加大,但相关投入力度仍显不足。⑤水资源宣传逐步深入,公众参与度有了较大提高,但从公众参与形式、广度和深度来看仍然不够。

(三) 实施最严格的水资源管理制度

当前,是广东省率先进入建成全面小康社会和率先基本实现现代化的关键时期,也是广东省贯彻落实《珠江三角洲地区改革发展规划纲要》(以下简称《纲要》),实现产业结构调整和升级,建设资源节约型、环境友好型社会的关键时期,对水资源的高效利用和安全保障提出了更高要求。然而,长期以来,广东省偏重于水利工程建设,对水利工程管理和水资源利用管理重视相对不足,用水相对粗放、效率不高。严峻的水资源形势,迫切要求实行最严格的水资源管理制度,这不仅是解决广东省日益突出的水资源问题的迫切需要,也是事关全省经济社会可持续发展全局的重大战略问题。

实施最严格的水资源管理制度的主要内容是确立"三条红线",实施"四项制度"。"三条红线"是水资源开发利用控制红线、用水效率控制红线和水功能区限制纳污红线。要做到严守不可突破的"三条红线",应实施"四项制度":建立用水总量控制制度,严格控制用水总量;建立用水效率控制制度,坚决遏制用水浪费;建立水功能区限制纳污制度,严格控制入河湖排污总量;建立水资源管理责任和考核制度,将水资源开发利用、节约保护的主要指标落实情况,纳入地方政府相关领导干部绩效考核体系,强化水资源管理责任。

以"三条红线"、"四项制度"为核心内容的最严格水资源管理制度的提出,既是基于我国国情和水情的重大理论创新,也是符合水资源开发利用社会管理过程的系统制度设置,为我国现代水资源综合管理的实践指明了方向并确立了重点。

三、启示与借鉴

完善的法规制度、有效的监控机制以及高度的公众参与是芬兰公共管理及水管理与保护长期处于世界前列的主要因素。芬兰在全球水资源和水质评比指数中位列全球第一,芬兰政府及企业从多方面对水资源进行保护与管理。对比而言,我国在水资源公共管理与保护方面仍然存在许多不足。主要表现为法规体系缺乏可操作性、监控力度不够、公共组织效率不高、公众水资源意识不强等。最严格水资源管理制度的"三条红线"和"四项制度"既相互独立,又相互关联,推进落实这一重大变革制度,借鉴芬兰公共管理理念,主要应做好以下几方面工作。

(一)推动配套政策法规体系建设

芬兰在颁布任何法规时,很重视后续配套的实施细则和政策的制定与发布,以增强法规的可操作性和实用性。自20世纪80年代以来,我国已颁布实施了多个水资源管理法规,如《中华人民共和国水法》、《取水许可管理办法》、《水资源论证管理制度》、《广东省水资源管理条例》等,可以说,我国在水资源立法方面已给予足够重视,但由于这些法律法规比较笼统,缺乏具体可行的实施细则,在执行过程中,往往容易造成落实不到位或有偏差。2011年中央1号文件和国务院《意见》要求,抓紧完善水资源合理配置、节约保护、流域管理等领域的政策法规体系。对于广东省水资源管理,重点要加大对河库取水工程建设项目监督管理力度,加强取水许可、水资源论证、用水定额、水资源保护、入河排污口等管理工作制度建设,积极研究实施有效的水资源统一管理的具体措施和办法。在已有的法律法规基础上,针对本省立法的薄弱环节,研究制定节约用水、水功能区管理、入河排污口管理、地下水管理、水资源论证等方面的实施办法和实施细则，推动完善广东省实施最严格水资源管理制度配套政策法规的出台，大大增强落实最严格水资源管理制度的可操作性。

（二）完善监督考核工作

芬兰建立了一套与法规体系相辅相成、行之有效的监督考核机制，以监控与激励相关部门对法规制度的执行。实施最严格水资源管理要围绕目标规制行为而设置一套监督考核系统，其目的是为了对正向发展的行为进行激励，对负向发展的行为加以惩罚。要求加强水量水质监测能力建设，对规模以上的用排水户实行重点监控；将建立水资源管理责任与考核制度与"三条红线"管理制度并列提出，明确县级以上地方政府责任人是区域内水资源管理和保护的责任人，严格实施水资源管理的考核制度，由水行政主管部门会同有关部门具体实施，考核结果交由干部主管部门作为地方政府领导干部综合考核的重要依据。广东于2012年1月在全国率先出台了《广东省最严格水资源管理制度实施方案》，与之相配套，最近又在全国率先出台了省级实行最严格水资源管理制度的考核办法——《广东省实行最严格水资源管理制度考核暂行办法》（以下简称《办法》），构成实行最严格水资源管理制度的重要依据，在制度层面确保水资源的可持续利用。同时，为加大全社会对水资源的管理和监督力度，《办法》引进了公众对水资源管理、节约与保护工作满意度的考核内容，通过在省政府门户网站开展网络问卷调查的形式进行。

（三）健全公众参与机制

芬兰非常重视公众环境保护意识的提升，芬兰公民有着很强的环境保护意识，这在很大程度上归功于其学校和相关部门长期不懈的宣传教育。国务院《意见》要求广泛深入地开展基本水情宣传教育，强化社会舆论监督，进一步增强全社会水忧患意识和水资源节约保护意识，形成节约用水、合理用水的良好风尚。水行政主管部门要充分利用中国水周、世界水日和"六五"普法机会，开展多层次、多形式的水法规和相关水资源知识宣传。通过宣传教育，让每个公民认识到广东省水资源并不丰富，意识到水不是"取之不竭，用之不尽"的资源，水资源将成为今后经济社会发展和城乡居民生活水平提高的主要制约因素。要健全社会监督和公众参与机制，广泛提取意见，推进水资源管理科学民主决策。加强舆论宣传，提高社会各界对实施最严格水资源管理制度的认可和支持。

（四）提高管理组织效率

前面已述及，芬兰有多个部门管理水，可谓"多龙治水"，但由于政策和制度设计得当，促使各部门大力协作，水资源管理组织效率依然较高。基于目前我国多部门（水利、环保、城建、国土等）管理水资源的实情，关键是要建立跨部门、跨地区议事协调机制。逐步建立起涉水各行业、各部门议事协商制度，通过联席会议沟通信息，共享资源，研究对策，实现广东省水资源的有效保护和高效管理。实施最严格的水资源管理制度是一项涵盖广泛的、复杂的系统工程，涉及生产、流通、消费等各个方面，涵盖农业、工业、服务业等各个领域，贯穿国家、地方、用户等各个层面，绝非某个部门或是哪一个层次单独能够完成的任务，亟须建立健全制度实施的工作机制，包括横向的多部门协作机制、垂向的上下联动机制、纵向的点面结合的工作机制。

（五）加强人才队伍培训

芬兰政府对人才队伍的培训教育极为重视，认为人才是引领变革和发展的关键因素。如近几年正在进行大变革的芬兰海关，每年都对人才队伍进行定期培训，全面提高职工综合素质和能力以及对变革的适应性。2011年中央1号文件指出，要加强水利人才队伍建设，适应水利改革发展新要求，全面提升水利系统干部职工队伍素质和能力，为顺利实行最严格水资源管理制度提供人才保障。

四、结 语

实施最严格水资源管理制度是降低水资源开发利用的外部性，促进人水和谐的基本途径，是新形势下我国水资源社会化管理的重要抓手，它与防洪抗旱减灾体系建设、农田水利基础设施体系建设、水利基础设施体系建设等内容一起，共同诠释了民生水利和可持续发展水利的基本内涵。目前，广东省正全面实行最严格水资源管理制度，全力扼守水资源管理"三条红线"，切实提高水资源管理能力和水平，为全省加快转型升级、建设幸福广东提供有力支撑。当前，做好水资源管理工作任务艰巨、责任重大，因而，要尽力借鉴和参考相关公共管理经验，开创水资源管理工作新局面，确保最严格水资源管理制度的顺利实施，保障经济社会可持续发展。

参考文献

[1](美)伯尔曼.法律与宗教[M].梁治平,译.北京:中国政法大学出版社,2003.

[2]赵长春.芬兰的湖泊污染治理[J].陕西水利,2007(5).

[3]童志勇.芬兰水管理和废水净化[J].现代化工,2010,31(10).

[4]广东省水利厅.广东省水资源公报[R].2011.

[5]刘霜,张继民等.芬兰湾海洋环境保护与管理及其对我国的启示[J].海洋开发与管理,2012(3).

[6]陈晓军.实施最严格的水资源管理制度 保障长江流域经济可持续发展[J].人民长江,2011,42(2).

从芬兰科技和产业发展历程中得到的启示

叶超贤

芬兰在"二战"后很长一段时间里一直被搁置在人们记忆的角落里,演绎着北欧小国的角色。从 20 世纪 90 年代,芬兰却经历了跨越式的快速发展,其发展模式和经验也引起了世界各国的竞相学习和模仿,甚至被专家学者奉为跨越式发展的典范。本文就芬兰的科技和产业发展历程进行研究探讨,并从中总结经验,以期得到科技和产业快速发展的启示。

一、芬兰科技和产业发展历程

(一)芬兰科技发展历程

芬兰从最早的以农业经济为主导的国家到现在以高新技术产业为主导的国家,其科技政策并不是一蹴而就的,整个过程从无到有,从简单到系统,经历了一个渐进的过程。

1. 科技机构发展历程

1963 年,芬兰成立了国家科学政策理事会(1986 年改为国家科学与技术政策理事会),负责确立芬兰科学技术发展方向和发展方针;1967 年成立国家研究与发展基金会(SITRA),专门为产业技术的研究提供资金支持,特别是针对中小型科技企业的研究开发,通过多种方式给予支持;1970 年,成立国家科学院,其职能是根据国家科学政策制定研究计划并组织人员进行研究;1983 年,工贸部成立了芬兰国家技术发展中心(TEKES),主要负责安排财政资金用于技术的研发,协调企业和科研机构的关系,引导科研方向面向市场,加快技术成果的转移;1993 年,芬兰成立了贸易与工业部,负责国家工业发展计划;1995 年,成立芬兰产业投资公司(TESI),这是一家直属国家的创业投资基金公司,主要投资于创业投资基金、私人股权基金等,目的是促进芬兰创业风险投资的发展。芬兰国家技术研究中心(VTT)在"二战"前就有,经过不断的发展,成为北欧实力最强的研究机构,专注于基础科学研究。这些科技机构从无到有，构成了芬兰科技体系的主体框架，见证了芬兰的科技发展。

2. 科技政策发展历程

20世纪60年代，芬兰采取的是"研发导向型政策"，鼓励大学和研究机构面向基础性研究，并没有将技术研究与市场需求更多地联系起来。但是随着时间的推移，在七八十年代，芬兰的科技政策逐步从"基础研究导向"向"实用技术导向政策"演进，鼓励大学和研究机构面向企业的技术需求进行研发，加快技术成果向市场转化。到了90年代，芬兰开始构建国家创新体系，其科技政策也开始由"实用技术导向政策"向"创新导向政策"演进。1994年，他们通过实施国家专业技术中心计划（OSKE），利用科学园区的资源优势，在各园区构建优势的产业集群。2006年，芬兰科学技术政策理事会推出国家科技创新战略中心（SHOK）计划，由领域内的企业和对应的科研机构组成联盟，联合解决产业的共性技术，该计划促进产业界与学术界的长期合作。2007年，芬兰开始推进创新网络中心计划（FinNode），目的是为芬兰的产业技术创新搭建一个国际的平台和通道，集聚全球的科技创新资源为我所用，同时将创新的技术成果推广到全球实施产业化。

（二）产业发展历程

芬兰的产业发展历程大致可分为三个阶段：一是"二战"结束到60年代，是战后经济恢复和传统工业产业起步阶段；二是70—80年代，是传统工业产业实现现代化和高新技术产业培育阶段；三是90年代以后，芬兰高新技术产业产生和高速发展阶段。

1. 工业产业萌芽发展

"二战"前，芬兰以农业经济为主，工业基础薄弱。"二战"结束后，芬兰利用丰富的森林资源发展起相关工业，木材加工业、造纸业等成为国内支柱产业。同时，由造纸带动发展起来的造纸机械产业，以及冶金、造船和机械等传统产业开始萌芽。60年代，随着经济全球化和技术的突飞猛进，全球产业格局开始发生变化，以美国为代表的西方国家加快了在工业领域的投入和发展，并带动西方其他国家走向后工业时代。以资源型为主的经济产业结构让芬兰面临着越来越大的发展压力，改变产业结构成为芬兰发展的唯一途径。

2. 工业产业升级和高新技术产业萌芽发展

70—80年代，芬兰加大了对工业产业的技术研发投入，实现了传统产业的技术提升和高新技术产业的培育发展。除进一步对原有传统的工业产业如造纸、冶金、造船和机械等产业进行工艺完善和技术升级外，加大了对高新技术产业研发的投入，力求从资源消耗型、附加值低的产业向技术含量高、附加值高的产业转变。芬兰的木材加工、造纸机械、纸和纸浆、冶金等传统工业产业因为技术的升级，得到了可持续发展。同时，由于对技术研发的持续投入，到了80年代，芬兰的经济发展和产业结构调整迎来了关键时期，电子通信、办公自动化设备、科学仪器以及生物工程等高新技术产业逐步崭露头角。

3. 高新技术产业蓬勃发展

90年代初期，由于苏联解体以及西方国家经济衰退，芬兰陷入了独立以来最严重的经济衰退。巨大的经济危机冲击，加快了芬兰对产业结构的调整。及时将传统的资源密集型产业如造纸、机械和金属等行业进行重组，并加大了对电子信息等高新技术产业的支持力度。随着电子通信、电梯制造、办公自动化设备和生物工程等高技术产业的逐步壮大，特别是以诺基亚为龙头的电子信息产业的发展，带领芬兰的经济从衰退的局面走了出来，并标志着芬兰的产业结构从资源密集的传统产业转向了高新技术产业发展阶段。

二、芬兰科学技术和产业发展之间的关系

从芬兰的科技和产业发展变化历程来看，科技政策和产业政策往往相伴而生，并且科技政策在先，产业发展在后，两者之间具有某种天然的联系。

（一）工业科技的萌芽伴随着农业经济向工业经济转型

"二战"前，芬兰还是以农业为主的国家，工业基础薄弱，政府也主要围绕农业和森林发展产业经济，木材加工、森工造纸成为当时的主导产业。这些产业主要以粗放型和资源型为主，技术含量不高，以推进产业技术发展为目标的科技政策也没有出现在政府的日常公共管理政策中。到了60年代，随着世界经济发展的加速和经济全球化，芬兰的产业经济也从单一的森林产业向其他工业产业发展。从那时候起，以推动基础研发为导向的科技政策逐步进入政府的公共政策当中，并初步形成了科技政策的基本框架。

1963年，芬兰成立的国家科学政策理事会主要负责制定芬兰科学技术发展政策和规划科技发展方向，同时协调各部门、各行业的科学技术活动。1967年成立了研究与发展基金会，它的职能就是对产业的技术研究提供资金支持，推动产业技术的发展，从而促进经济产业的发展。从1968年开始，芬兰工贸部也对企业的产品研发活动提供资助，特别是为目标导向的技术研究提供导向性拨款。随着芬兰科技主管机构的设立，以推动工业技术发展为目标而出台的科技政策，以及政府在科技研发投入上加大了投入力度，芬兰开始从农业转向

发展工业，木材加工、造纸业、冶金和造船等工业得到了快速发展，由于科技的发展带动工业产业发展的状况得到了充分体现。

（二）科技发展为产业发展注入强大的动力

1. 以技术为导向的科技政策推动产业的蓬勃发展

在坚持加大对基础研究投入的基础上，芬兰加大了促进技术成果向市场转化的力度。1967年，成立国家研究与发展基金会，通过入股的形式，为具有科技成果而缺乏转化资金的个人或单位提供成果转化资金，盘活了许多科研成果，为产业发展注入了强大的技术动力，在推动科学技术成为第一生产力方面起到了重要作用。1983年成立的芬兰国家技术发展中心，负责制定技术发展方向和资金导向政策，并通过选择性的资金支持，促进先进适用技术及时向市场转移，大大提高了技术成果的转化效率，提升了企业产品的竞争力和产业的发展空间。1985年，芬兰积极参与欧洲尤里卡计划，通过集中科技研发机构的技术力量和企业的经济力量，促进"市场导向"性的技术研发合作，加速技术成果的市场化。这一系列的科技政策和措施为芬兰的产业发展提供了强有力的技术支撑，以诺基亚为代表的很多跨国大公司都得益于这些计划的支持。20世纪七八十年代，芬兰的木材加工、造纸业、冶金和造船等工业发展迅速，逐步步入经济强国行列，并以年均3.7%的速度持续增长。

2. 充分集聚各种创新资源，推动产学研用相结合，培育和发展高新技术产业

为了培养科研人才，70年代初，高等教育系统的改革和发展也逐渐成为芬兰科技政策的重要组成部分。基于产业发展对人才的需要，芬兰逐步采取将高等学校分散化的措施，将集中在南部和西部的5所大学发散到全国各地并扩展到20所，各种专业技术学院也陆续出现，培养了大批科研和技术人才，为高新技术产业的发展提供了人才支撑。70年代，新的芬兰科学院成立，组建不同领域的研究理事会，帮助政府选择从事基础科学研究和一部分应用科学研究的科研人员，并对其进行长期支持，为产业发展提供技术支撑。1994年，他们通过实施国家专业技术中心计划，根据每个地区的产业特色构建专家技能中心，利用科学园区的资源优势，集聚技术、产业和金融等产学研各方面的优势资源，为中小企业提供技术创新服务，支持在各园区优势的产业集群发展。到2005年年底，全国建立了22个专家技能中心，在19个产业集群内产生新的技术与产品共3700多项，催生1300多个公司，创造12800个高技术岗位。

3. 加强国际技术合作，以技术出口为导向，拓展产业发展空间

芬兰的国土面积不算很大，人口更加少，在国小力薄的情况下，如何做到

快速发展,芬兰选择了国际合作。1986年,芬兰与OECD国家建立了有关合作研究的科学技术政策的欧洲框架协议,旨在加强高端技术研发之间的合作。同时,与多国签订双边科技合作协议,形成科技合作的网络。经过引进吸收,芬兰夯实了自己的科研基础,并在电子信息、生物技术等高技术领域走在了世界前列,反过来向别国输出技术。1999年,芬兰的高技术出口占其出口总量的21%,在OECD国家中低于美国、日本、英国,而高于荷兰、法国、瑞士、瑞典和德国。从2007年开始,芬兰开始执行芬兰创新网络(FinNode)计划,由芬兰国家技术发展中心、芬兰国家贸促会、芬兰国家科学院、芬兰国家研发基金、芬兰国家技术研究中心组成的公共的和非营利性的团体,为企业、科研机构和大学等创新主体跨出国门进行国际产学研合作搭建平台,推动芬兰产业集群技术向国际转移,抢占国际市场,拓展产业空间。

(三)国家创新系统的构建使芬兰产业产生质的飞跃

进入20世纪90年代初,芬兰经历了3年的经济大衰退,1990—1993年的经济危机,让芬兰的失业率从3%增加到17%,1993年的财政赤字达到GDP的7%。过度单一的产业结构、资源型和投资型的发展模式是这次危机的根本原因,芬兰政府因此加快了经济发展模式的转型步伐。1990年,芬兰科学技术理事会发布的《20世纪90年代科学技术政策的回顾与指导方针》报告,正式确立构建国家创新系统的战略目标,强调不同行动者间知识的生产、传播与使用在推动经济增长、提高劳动生产率和促进就业方面的重要作用。作为对国家创新系统建设战略的重要补充,1993年和1996年,科学技术理事会又相继发布《面向创新社会:芬兰的发展战略》和《芬兰:以知识为基础的社会》两份报告,提出"创新社会"和"知识社会"概念,并全面阐述了新形势下的科技发展战略,国家创新系统的理论和方法在科学技术与产业政策层面上得到更高的认识。

进入90年代后,芬兰政府将经济发展方向从"资源密集型增长"向"技术密集型增长"转变,重组了造纸、机械和金属等行业,并加大了对电子通信行业等高新技术产业的投入,芬兰整个产业中的高技术产品及其增加值在GDP中所占的比重明显增加,高技术产品产值在工业总产值中的比重由1991年的4%上升至1996年的11.5%,同期的高技术产业职工增加了1.5万人,达3.3万人。而电子通信产业是增长最快的产业,同期增长了7倍,占到高技术产品产值的75%。1993年,芬兰的经济开始快速恢复,1994年后保持稳定增长,90年代中后期的经济增长率保持在5%左右,走出了危机。失业率从1994年2月的18%下降到1999年初期的11%,为OECD国家中失业率第二个持续快速下降的国家。

从坚持科技投入到实行国家创新系统计划，芬兰始终坚持以科技的发展推动产业的发展作为主要的途径，并取得了重大成功。在瑞士国际管理学院的国家竞争力排名榜上，芬兰在1995年是第18位，1996年上升到第15位，到了1999年排名上升到了第3位，2003—2005年，芬兰则连续3年在国家竞争力排名榜坐上了头把交椅。21世纪初，芬兰的造纸、造船、冶金、电梯制造和电子通信产业等都处于世界领先地位，特别是电子通信产业，以诺基亚为代表的移动电话占世界市场份额超过了美国的摩托罗拉公司，位居世界第一。这都得益于芬兰政府构建的国家创新系统。

（四）依靠科技创新推动产业发展成为芬兰的国家发展理念

芬兰对科技投入的观念从"二战"后就开始萌芽，并不断地延续和加深，即使在1990年的经济严重衰退时期，芬兰政府也没有减少对科技的投入，芬兰政府对R&D的投入从1987年的1.8%上升到1999年的3.1%，达到33.7亿美元，到了2010年，R&D占GDP的比重达到3.9%。可以说，"依靠科技推动经济发展"的理念已经深深地烙在了芬兰人的脑海里。

目前，诺基亚公司遇到了前所未有的困难，从2011年第二季度以来连续五个季度的亏损，让人感觉到诺基亚的衰退，从而会对芬兰经济产生拖累。但是，"愤怒的小鸟"游戏软件从2009年12月发布以来，已在全球范围内积累下7500万粉丝，下载量超过3亿次，其中不乏英国首相卡梅伦、足球明星保罗·加斯科因、作家萨尔曼·拉什迪等名人，这只小鸟所代表的芬兰创意产业，与清洁技术、生物医药等多种新兴产业一起，成为芬兰经济下一个10年乃至更长时期内的战略产业方向。似乎没有人对芬兰已经运行多年的国家创新体系的有效性表示怀疑，从研究机构到政府官员以及芬兰企业代表，对芬兰经济接下来将继续保持足够的创新力和竞争力都表示了乐观的态度，认为芬兰在推进创新中积累了多年的经验，将继续发挥作用。

"芬兰的成功，很大程度上是国家科技创新体系的成功。"芬兰经济研究所（ETLA）研究顾问Pekka Yla-Anttila认为，芬兰创造诺基亚的知识与能力还存在，这也正是芬兰的希望。"我们资源有限，就着重开发人力资源。"芬兰驻华大使馆参赞溥明睿告诉记者，这也是芬兰国民的共识。在芬兰人看来，芬兰良好的教育制度值得骄傲，小国的危机意识使得芬兰不断加大在教育方面的投入，通过教育，这个小国将人转变为最重要的资源。同时，持续不断的科技投入，更是芬兰经济发展的动力源泉。以人力资源加科技资源实现国家强盛正是芬兰发展的永恒主题。

三、从芬兰技术与产业的变化中得到的启迪

（一）科技发展是产业发展的先导和保障

一个产业，特别是高新技术产业的诞生和发展，是由技术为先导、以需求为动力的。只要有成熟的技术，就能带动旺盛的需求，旺盛的需求又带动了技术的发展。这种例子不胜枚举，如20世纪90年代的移动通讯技术，如今苹果公司的iPhone手机。技术的发展往往需要经过很长一段时间才能完成技术的积累，一旦转化为生产力，就会有较高的进入门槛和较强的竞争力，能够改变产业的发展格局，并取得先发的优势，带动经济快速的发展。

（二）科技创新体系是国家竞争力的重要保证

科学技术的发展本身具有随机性和不可预测性，要保证科学技术沿着正确的方向发展并符合人们的需求，必须建立一个完整的体系，通过系统工程的保驾护航，使科技成为第一生产力。其中，需要统揽全局的科技主管部门、高水平的科研机构、成熟的科技中介、完善的科技风险投资体系和庞大的应用主体等元素，建立起产学研用相结合的科技创新体系，配以科技政策、人才政策和财政政策作为链接这些元素的纽带和润滑剂，才能充分发挥科技的核心作用，为产业的发展提供技术保证，为国家的稳定发展、经济的稳定发展作贡献。

（三）科技型中小企业是最具活力的创新主体

科技是第一生产力，而生产力则是由企业最终体现的，因此，让企业在现代科技创新系统中成为创新的主体是客观规律使然。企业是创新的主体，而中小型企业则是最具活力的创新主体。他们在激烈的市场竞争中，由于规模小、资源紧缺，生存困难，为了保持竞争力而不得不努力创新，竭力保持技术的领先优势。中小企业的主体地位体现为他们是参与的主体，也是投入的主体，更是应用的主体。由于企业的资金有限，政府部门应该建立起以政府投入为引导、企业投入为主体、社会资本及风险资本积极参与的多元化投入体系，将更多的科技资金投向具有活力的科技型中小企业，引导和协助他们参与技术创新，活跃技术创新市场。

（四）产学研用结合是提高科技成果转化效率的必要手段

经济与科技"两张皮"的现实情况，反映的就是科技成果转化为生产力效

率长期在低水平徘徊的现象。大学院校和科研机构是科技人才最集中的地方，也是科技发展的前沿阵地，他们的研究方向代表了科技发展的最高水平，他们的科技成果占到总数的近60%。而市场产品的要求是无止境的。将科研的方向和市场的需求直接结合起来，以需求引导科研，将成果直接转化为生产力，必将大大提高科技成果的转化效率，推动科技成为产业经济的核心竞争力。

（五）政府要营造良好的科技创新环境，持续不断加强科技投入

政府是科技创新环境的营造者，构建尊重人才和尊重知识的环境，加大知识产权的保护力度，建立专利交易市场，鼓励企业和个人开展创新的实践，提倡创新创业，营造良好的科技创新的氛围，是科技可持续发展的重要保障。从芬兰产业发展的历程来看，90年代后高新技术产业的出现和发展并不是一蹴而就的，它是经过了长达20年对科技的不懈投入，才能厚积薄发，诞生像诺基亚这样的高科技企业。科技的发展并不能通过短期的投入达到明显的效果，它更需要持续不断地投入，经过日积月累的沉淀才能获得核心的竞争力。

四、结论

科技发展和产业发展是密切相关的，科技发展是产业发展的手段，产业发展是科技发展的目的，这两者绝不能割裂开来看待，偏颇发展其中之一，必然会顾此失彼，不能至臻。由于科技的发展需要不断的投入，并在短期时间内难以看到投入的效果，产出投入比在短期内可能为零，需要科技管理者用耐心和决心去维护。但科技经过长期的投入和沉淀后，一旦技术获得突破，将带来产业革命性的变革，推动产业全新发展。而产业的发展，如果掌握了核心的关键技术，有较高的准入门槛，就能够取得先发优势，独占发展带来的经济效益，从而对技术产生旺盛的需求，带动技术的发展。因此，科技和产业两者互为兼顾、互相发展，才能相得益彰，获得双赢的局面。

参考文献

[1] 潘金虎. 芬兰经济技术的跨越式发展及其启迪[J]. 世界科技研究与发展，2003（2）.

[2] 李春景，杜祖基. 芬兰科技政策演进与科技竞争力发展研究[J]. 科学学与科学技术管理，2006（7）.

[3] 何正军. 芬兰发展科学技术的措施及启示[J]. 甘肃科技，2005（1）.

[4] 鲁礼瑞等. 芬兰产业技术转移的政策演进[J]. 华东科技，2010（7）.

[5] 盛景荃. 芬兰的自主创新体系[J]. 华东科技，2008（10）.

第二部分　产业转型升级与环境资源优化配置

芬兰核电发展概况及其对我国的启示

谭志文

芬兰地处欧洲北部，全国为大片森林覆盖，是欧洲森林覆盖率最高的国家，被誉为欧洲"绿肺"。芬兰是世界上环保立法最多的国家之一，是世界上最早征收碳税的国家之一。就在这样一个环境优先的国家，芬兰的核电发展也取得了令人瞩目的成就。芬兰是苏联切尔诺贝利核电事故后率先恢复启动本国核电发展计划的西方发达国家之一，是世界上第一个建造第三代 EPR 核电站的国家，是日本福岛核事故后核电发展基本没有受到影响的欧洲国家，是世界上第一批正式批准建设核废料永久性地质贮存（处置）场的国家。目前，芬兰共有两座核电站，共四个核反应堆在运行，第五个核反应堆正在建设中，另有核反应堆修建计划已经获得了政府的批准。按照芬兰工业能源委员会提供的规划目标，预计到 2050 年，核电有可能占到芬兰电力供应的 40%，成为芬兰能源供应的核心。环境保护与核电发展在芬兰得到了和谐发展，国际能源组织对芬兰的核电政策多次给予了高度评价，认为其核电政策对其他国家是一种有益的示范。芬兰在环境保护等多种约束条件下，对能源发展方向的核电选择，对包括我国在内的很多国家的能源决策选择，具有很好的借鉴意义。

一、芬兰的能源现状

芬兰目前的主要发电方式为核能、石油、天然气、煤炭、水利、泥煤等，石油、煤炭、天然气基本靠进口，其中，从俄罗斯进口天然气，从俄罗斯和波兰进口煤炭。芬兰 2009 年产电总量为 770 亿千瓦时，其中，石油、煤炭等化石燃料产电总量为 420 亿千瓦时，核电为 227 亿千瓦时，水电为 130 亿千瓦时，还有从俄罗斯进口的 105 亿千瓦时（见图 1、图 2）。芬兰的人年均耗电量极高，达到了每人每年约 1600 千瓦时。

如图 1 和图 2 所示，2009 年核电占到芬兰发电量的 27.9%，核能提供的能源占到芬兰能源总量的 18.6%，可见，核电在芬兰的能源结构扮演了重要角色，而且这一角色将越来越重要。

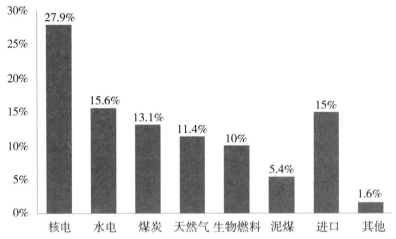

图1 2009年芬兰各项发电方式在发电量中的位置

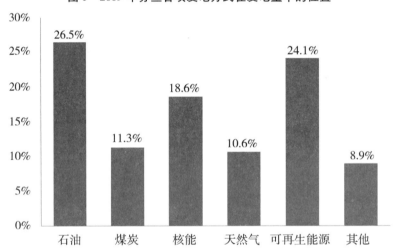

图2 2009年芬兰各项能源在一次能源供应中的位置

二、芬兰核电的发展状况

芬兰是北欧工业比较发达的国家，但石油、煤炭等一次能源并不发达，能源依赖进口比较严重，提高能源自给一直是其国家能源政策的中心。芬兰早在1955年就着手进行核电厂建设的可行性研究，在50年代后期就制定了建造第一座核电站的计划。

在20世纪60年代初期，芬兰就开始了核电相关核技术基础准备工作，在

第二部分　产业转型升级与环境资源优化配置

赫尔辛基大学设立了技术物理系，建立了核技术研究所；1962 年建立了一座研究性反应堆，开展核技术人才的培训，做好了发展核电的人才准备。芬兰积极参加各类核科学和核电项目的国际交流活动，对不同的核电技术进行了技术经济对比，使芬兰国内的核电技术水平有了较大的提高，对国际核电水平及动向有了较明确的认识，做好了发展的核电的相应技术准备。到了 60 年代末期，芬兰逐步建立了先进的工业技术产业基础，具备了核电发展的工业产业基础。经过 10 多年的人才准备、技术准备、产业准备，芬兰建设核电就水到渠成了。芬兰国家电力局（IVO）所属洛维沙核电厂的两台核电机组分别于 1969 年和 1971 年订货，于 1977 年和 1980 年首次并网运行；芬兰电力公司（TVO）所属奥尔基洛托核电厂的两台核电机组分别于 1972 年和 1974 年订货，于 1978 年和 1980 年首次并网运行。

此后长达 20 多年的时间，新的核电站建设一直未被政府通过，其中一个关键原因是 1986 年发生的切尔诺贝利核电站泄漏事故。在第五座核电站申请过程中，芬兰经历两次波折。1993 年，当时芬兰国务院批准了核电站建设，但是立法院却予以否决。2000 年，芬兰电力公司又提交了申请，而这份申请却因为当地一名居民提交的诉讼而差点夭折，直到 11 月那位居民的诉讼被驳回之后，申请才纳入议事日程，并在 2002 年 5 月经议会批准。2003 年，这项投资 30 亿欧元的核电站正式开工，是世界上第一座采用 EPR 技术路线的第三代核电站。

2007 年 3 月，芬兰有关电力公司向国家环境影响评估协会提出申请，分别在奥尔基洛托和洛维沙建造新的反应堆，芬兰电力公司 2008 年提出的建造一座 1000～1800MW 的 PWR 或 BWR 反应堆的申请在 2010 年 5 月份获得批准。2007 年 6 月份，70 个工业和能源公司联合成立了公司，并提出在芬兰建造一座新反应堆的计划。2009 年 1 月，该公司提交了申请，并在 2010 年 5 月获得了批准。

在建设新核电站的同时，芬兰还对原有核电站进行了改造，奥尔基洛托 1 号和 2 号反应堆在 1978—1980 年间以 658MW 的功率运营。30 年后增加了 33%，功率已经达到了 860MW，并且它们的运营寿命延长到了 60 年。2010 年 5 月到 7 月期间，奥尔基洛托 1 号反应堆替换了低压涡轮机，2 号机组在经过相似的更新升级之后，在 2011 年 5 月将功率提高到了 910MW。洛维沙核电站的两台机组经过改造升级，已经由 1977—1980 年间的 445MW 升级到了 488MW，芬兰国家的核安全和放射委员会在 2007 年批准了延长该反应堆运营寿命 20 年的执照，反应堆将会在 2027—2030 年期间退役。

三、芬兰核废料管理

目前芬兰的核废料政策是：既不输出核废料，也不输入核废料。该法案是在加入欧盟之前的1994年，在绿党的推动下通过的。芬兰政府之前的政策是把核电站的乏燃料送往国外进行后处理或处置，核电站核废料得到永久性处理之前，由核电厂负责核废料的管理。芬兰的两座核电站联合组建了第三方——放射性核废料公司来监管核废料。该公司与一些大学、研究人员，在芬兰辐射防护及核能安全监管单位的监督下，对芬兰核废料处理问题进行管理和研究。

芬兰全面核废料管理从20世纪80年代初就开始了，着手研究采取处置核废料的各种可行性，在1994年相关法案通过后加快了步伐。经过10年的论证和环境影响评估，芬兰选定了多处可能的核废料永久处置场厂址，为了最终确定掩埋乏燃料等的场所，共进行了57次深达1000米的钻探调查，甚至为了能够应对1万~10万年后可能出现的冰河期，调查人员还特意前往格陵兰岛进行了钻探调查；政府与当地部门经过研究后，批准了放射性核废料公司在奥尔基洛托的项目，并在议会以159票赞成3票反对的结果得到了广泛的支持，当地政府也给予了支持。该项目计划于2020年前正式运营，处理核废料的最大容量为4000吨。芬兰成为世界上第一个正式批准建设核废料永久性地质贮存（处置）场的国家。

四、芬兰核电政策的启示

（一）清晰的能源及环保政策是芬兰核电发展的基础

芬兰的能源政策一直有清晰的目标，历经政府更迭都始终坚持自己的目标，即：摆脱对国外能源依赖，提高能源供应自给率；向工业部门和消费者提供价格更合理的电力供应；向低碳能源生产方式的转变。发展核能可谓是同时实现这三个目标的关键"一箭"。

1. 发展核电是芬兰提高能源供应自给率的需要

芬兰地处北欧，气候寒冷，取暖的能源需求较大，直到目前，其国家工业体系中依然包括了较多的高耗能产业和企业，工业以木材（采伐、加工）和造纸为主，次为炼油、机械、造船、钢铁、有色冶金、纺织等。人均一次能源消费量与德国相比多六成左右，2005年时就开始居欧盟第一，在全球也是位居前列。大量所需的石油、煤炭等一次能源均需要进口，这使得芬兰国家能源政策首先要保证能源的安全、持续、充足的供应,保证能源的自给率。为此,芬兰全国上下达成了共识,即在全力发展泥煤等可再生能源的同时发展核电。

2. 发展核电是芬兰持续提供低价电力供应的需要

芬兰的家庭用电价格,在欧盟各成员国中只高于希腊,居倒数第二位,而其人均GDP则比希腊高得多;芬兰的工业用电价格在欧盟各国中属于倒数第五,也相当便宜。低廉的电力价格吸引了大量的外来投资,美国的谷歌公司斥资2亿欧元在芬兰的哈米纳地区修建了一座数据服务中心。随着煤炭、石油、天然气等大宗能源价格的不断上涨,核电的成本优势开始体现。根据世界核能协会资料显示,目前核电单位发电成本明显低于煤电;由于核电成本中,燃料成本比例较低,仅占10%~20%,且在燃料成本中,铀矿的成本比重不到一半,因此即使铀矿的价格波动较大,对核电的成本影响亦较小。另外,由于征收碳税等环保税,使用石油、煤炭等一次能源发电的环保成本也不断攀升,因此,保持核电的发展对保持芬兰电价的长期相对低廉就相当重要。在芬兰,对核电站甚至要按使用的核燃料量计征赋税以减少核电过高的利润率,称为核燃料税,这表明在役核电站的经济效益是很好的。

有研究人员对芬兰的新负荷电源进行了比较研究,结果显示,核电的经济性最高。进行比较研究的新负荷电源有4种:①核电(功率125万kW);②综合循环气体电力(40万kW);③煤电(50万kW);④泥煤电力(15万kW)。各种电源的总工程费用:核电21.86亿欧元,综合循环气体电力2.29亿欧元,煤电力4.7亿欧元,泥煤电力1.45亿欧元。初期投资以核电最高,但是作为总的发电成本(燃料费、基建投资费、运行维修费)而言,以核电的成本最低(见表1)。

表1 发电燃料成本

单位:欧元/MWh

发电成本	核 电	天然气	煤	泥 煤
基建投资成本	11.88	4.82	6.86	9.27
运行维修成本(固定费)	3.30	1.07	2.04	3.01
燃料成本	2.86	19.88	10.26	15.49
运行维修成本(变动费)	3.41	0.31	4.92	3.10
合计	21.45	26.08	24.08	30.87

注:芬兰依据基础负荷电源类别考查发电成本。

3. 发展核电是芬兰完成碳减排的需要

在芬兰，低碳减排深入人心，芬兰也是世界上最早推行碳税的国家之一，在2000年以前就超额完成了《京都议定书》中的阶段性减排指标。芬兰政府2009年宣布，将以1990年排放水平为准，在2050年之前，把二氧化碳排放量至少减少80%。芬兰政府指出，在实际操作上，芬兰减排能否成功取决于和"零废气"能源部门和交通部门的长期合作。在实现减排目标过程中，核电的发展将扮演不可或缺的角色。在可再生能源使用上，欧盟的计划是到2020年，可再生能源占能源消耗的比重达1/5，而芬兰的目标大致是欧盟目标的两倍，即到2020年，将目前近1/4的可再生能源使用率提高到38%。要完成碳排放目标，一方面要大力发展可再生能源，另一方面要大力发展核能以替代煤炭、石油等能源发电，减少碳排放。

芬兰主要发电方式的年直接碳排放量和间接碳排放量的对比见图3所示，可见核电的碳减排效果相当显著。

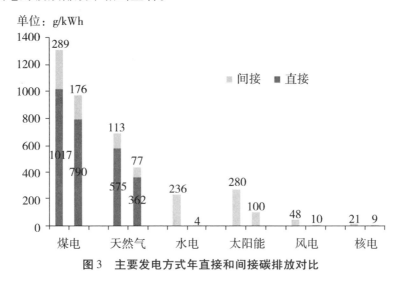

图3 主要发电方式年直接和间接碳排放对比

（二）完备的法规和监管体系是芬兰核电发展的保证

芬兰政府认为核能的安全性最为重要，在芬兰应用核能的根本基础是核能必须要安全，不能对附近居民、环境和居民财产造成危害，为此，芬兰建立了完备的法律法规和监管体系，确保它们符合芬兰核能法所规定的国内标准。芬兰的核能与辐射防护法案和核能相关条例确定了芬兰的核能安全管制架构。通用安全规定依据核能法案，经国务委员会议通过后颁布实施，关于核能安全的主要责任属于持照人。芬兰辐射与核安全管理局（STUK）是独立的核能安全管制机构，负责管制和审查核能安全和辐射安全。核能设备执照申请的处理目前由就业和经济部负责，但涉及核能设备执照申请有关安全方面的审查，则由STUK提出评估报告。在芬兰，除核能法案、其相关条例、辐射防护法案及其条例外，还有核责任法案及芬兰辐射和核能安全中心组织法案和条例等。这些法案和条例，确定了芬兰核能安全管制法规体制架构。芬兰核能安全管制法规体系分为四个层级：核能法案→国务委员会决议→核能安全指引→国际核能和工业技术标准。

芬兰辐射与核安全管理局负责具体监督核电运行的安全性，监控现有和正在建设中的核电站的安全性、防护设施及应急装置，负责彻底检查、复查核电站的安全性，监督其执行情况，确保各核电站符合芬兰核能法所规定的国内标准，这些标准要求极高，执行也极为严格。对新的核电站进行了详细的事故和瞬态分析，即核电站在瞬态或事故状况下，反应堆和燃料如何运作。这些分析将各种型号的水管破裂、火灾、水灾、飞机坠毁和其他外部风险因素都考虑在内。芬兰对运行核电站的监管标准属于国际高水平，这确保了芬兰核电运行的"零事故率"。同时，对建造核电站的监管也处于国际高水平，在奥尔基洛托新核电站建设中，有关设备、结构或组织绩效的质量偏差报告大约已有2000多份，尽管项目后续工期出现了重大延误，导致经济损失严重，但监管的力度和标准丝毫没有降低。

（三）全面的公众参与是芬兰核电发展的公众基础

芬兰的核电建设高度公开透明，广泛征求公众意见，核电站建设前要进行详细的环境影响评价，以充分消除公众的疑虑。芬兰是全球教育第一的国家，国民受教育程度高，对核能等科学技术信心度高、接受度高。芬兰还充分利用运行核电站对公众进行核电宣传，核电站在安保措施落实的前提下进行开放式管理，奥尔基洛托核电站坐落在大片的森林中，一面面向大海，每年接待数万参观者，夏季还举办学生夏令营。核电站管理当局也与居住在周围的6000多名居民保持着密切而良好的关系，定期向他们通报电站运行情况，居民们则照常在他们自己的地里种植草莓等各类食用植物。

芬兰核废料处置场的建设就是一个成功的案例。在选择候选地的时候，最终筛选出的是拥有核电站的两个地方。因为当地在就业、税收等方面感受到了核电站的经济益处，所以反对也比较少，候选地点的选定还发展成了争夺战。最终，考虑到运输乏燃料造成的环境负荷等方面的因素，奥尔基洛托在2001年成为建设地。

芬兰自1983年以来每年进行一次核电民意调查。2009年10月20日到2010年1月7日，共有1378人完成了问卷调查。芬兰能源工业协会发布了调查结果报告，报告显示，与往年一样，风能、生物能和水能发电继续获得普遍的支持。在核能应用问题上，44%的被调查者支持增加核能的应用，26%希望减少使用核能；61%的被调查者认为核能的应用可以减少对化石燃料的依赖；57%的被调查者认为芬兰有足够的核能应用经验。本次调查结果支持与反对核能差距之大，为过去28年之仅见。细数30年来核能支持度变化，80年代初期支持核能的民意只有24%（1982年），反对核能的民众从50%左右的顶峰开始逐年下降。更难能可贵的是，在15~24岁年龄段的民众中，支持核能的比例达到空前的30%，女性对核能的支持比例首度以33%：23%超过反对者。在2011年福岛核事故以后，对于核电安全的讨论也在芬兰出现过，但是并没有形成一种潮流，甚至没有对芬兰正在建设和将要建设的核电项目产生任何的实质性影响。

（四）良好的核电运行记录是芬兰核电发展的前提

芬兰核电站从20世纪70年代建成运行以来保持了"零事故"，安全记录优良，在使用和管理方面一直处于世界领先地位，多次创造了世界年度运行效率记录，使用率、安全系数和清洁度均位于世界最佳核电站之列。

福岛核电站事故发生后，芬兰政府也及时应对，就业与经济部立即要求辐射与核安全管理局开展深入调查，了解芬兰核电厂如何应对洪水和其他极端自然现象对电厂功能的影响，以及电厂如何确保多种缺陷和故障情况下电力的可用性，以消除公众的恐慌心理。2011年5月16日，芬兰辐射与核安全管理局提交了关于核电厂如何应对异常自然现象的报告，报告认为芬兰核电厂没有发现新的要求立刻进行安全改进的威胁因素和缺陷。

五、芬兰新建奥尔基洛托3号核电站EPR机组的教训

芬兰2004年开工建设的奥尔基洛托3号核电站，是全世界第一座采用EPR（欧洲大型先进压水堆）三代核电技术的核电站，原计划2009年建成。然而，EPR项目在芬兰的建设并不顺利。奥尔基洛托3号核电站工期被严重拖延的原因相当复杂，但主要原因之一在于其设计方案中的质量控制和计时差异问题，以及重要部件制造过程中的延误。2006年6月，芬兰辐射与核安全管理局发表了一份调查性报告，指出项目推迟的主要原因之一是对项目分包商的督导不足。2009年，该局多次告知核电站设计单位设计的仪表与控制系统不

符合芬兰的有关规定。由于工期延后，核电站总投资增加了50%，达到45亿欧元，"比投资"由1875欧元/千瓦增加到2813欧元/千瓦。

六、芬兰核电对我国核电发展的启示

（一）我国核电发展要处理好发展与立法的关系

芬兰核电长期安全发展与芬兰核安全的全面立法、严格监管密不可分。芬兰核能法律法规体系相当完备，而我国原子能法至今都没能立法。芬兰核能法于1987年生效，至今已经过10多次修改而不断完善，其主要内容包括下列九项：①总则；②对社会能够产生总体利益；③核能安全；④核燃料；⑤核废弃物管理；⑥实体保护；⑦许可执照；⑧监督权责；⑨罚则。芬兰核能法案对核能的安全、燃料、废物、监管等都做了明确的规定，是芬兰核能法规四个层级之最上层级。

我国自20世纪80年代就着手准备原子能立法的工作，但由于各种原因，我国的原子能相关法律一直没有出台，20年来两次立法尝试都惨遭夭折。目前国内涉及核能方面的法律只有一部2003年施行的《中华人民共和国放射性污染防治法》，还有1986年制定的《民用核设施安全监督管理条例》等8项行政法规，其余的是10多个部门制定的部门规章。核法律法规体系远未健全完善，最核心的问题是没有核领域的基本法。因此应尽快制定原子能法，对核能安全发展起着至关重要的作用的组织体系与职责、使用范围、监督管理体制、监督管理程序或步骤、核事故应急、法律责任、补偿与赔偿等方面进行法律规定。

（二）我国发展核电要处理好安全与发展的关系

芬兰的民众对核电的信心，归根到底来源于芬兰核电的安全记录，没有安全，一切都是空谈。核电对安全的要求远远高于其他行业，一旦出现严重核事故，核电发展的好势头将不复存在，而且会危及人民群众的生命安全和社会稳定。我国目前的核电运行安全记录良好，各运行核电站的运行安全记录均优异。当前我国在建的核电站较多，一定要严把建造质量关，同时培养大批高素质的核电运行人员。

（三）我国发展核电要处理好自主创新与国际合作的关系

自主创新与国际合作是密不可分的。芬兰核电技术就是在引进法国、俄罗斯等国家先进技术的基础上，通过消化吸收再创新而发展起来的。目前，世界核电强国正在抓紧组建跨国技术联盟，开发新一代核能技术。我国核电自主研发和国际合作的实践也表明，国际合作越全面越深入，越有利于我们掌握世界先进技术，实现持续创新。当前，处理好自主创新与国际合作的关系，需要进一步扩大核电领域的对外开放，在更高的起点上参与世界核电的竞争。由于我国目前新建的核电站大多为新引进的EPR和AP1000堆型，要吸取芬兰奥尔基洛托3号核电站教训，要同技术原创方进行持久深入的合作，加快对引进技术的消化吸收再创新，确保工期、降低造价。

（四）我国核电发展要处理好核电产业与相关领域的关系

核电产业具有技术含量高、产业链长、涉及产业面广的特点，由此决定了核电建设是一项系统工程，必须统筹兼顾产业链上各相关环节的协调发展。芬兰的第一座核电站洛维沙核电厂引进俄罗斯等国家的技术，但自己承担了总体建筑及配套设备系统的设计任务。对供货及工程实施负责全面的组织协调，对工程的投资、进度、质量以及安全负全面责任，现场的施工、土建全部由芬兰国内单位承包，安装也以芬兰力量为主。通过核电的建设，建立了本国的核电站设计、安装、建造力量，设备制造产业也得到了大力发展。我国在发展核电的过程中，也要在确保安全的同时，建设好自己的核研究、设计、建造、安装队伍，更要大力发展核电上下游的装备产业、铀矿业、核燃料产业、乏燃料处理产业等核电产业链的发展，使我国真正成为一个核电大国，更成为一个核电强国。

第三部分 社会福利与公共服务

芬兰社会福利制度初探

王奎军

今天的芬兰,社会经济发展成果举世瞩目。在联合国人文发展指数(HDI)排名中,挪威、瑞典、芬兰和丹麦都名列前茅,分别为第2、6、11、14名;在全球最具创新力的国家排行中,2009年,芬兰、瑞典、丹麦和挪威分别位于第2、5、10、17名;在世界幸福指数调查的排名中,丹麦、芬兰和瑞典分别位列第1、5、7名;在世界民主指数排名中,挪威、丹麦、瑞典和芬兰分别位列第1、3、4、7名。同时,美国《读者文摘》杂志曾评选出全球十大最适宜居住的绿色环保国家,芬兰名列前茅。在英国《经济学家》2010年世界最宜居城市调查中,芬兰首都赫尔辛基排名第六。在美国《新闻周刊》最新推出的全球100个国家"幸福排行榜"中,芬兰超越瑞士、瑞典、美国等国家,名列第一。

芬兰人的幸福感,更多地来源于完善的社会福利保障体制为所有公民提供了基本生活保障,使人们的基本需要得到较大满足。芬兰拥有一个庞大和强大的公共服务部门,实行的是一种面向全体居民的、"不让一个人掉队"的福利体系,福利政策内容丰富,涵养了人们生活的方方面面,以至于人们用"从摇篮到坟墓"来形容它。任何人,只要拥有芬兰国籍或者在芬兰合法居住6个月以上,都可以享受国家提供的所有福利待遇。它的基础是国家法律规定的公民权和居民权,集中体现在1984年通过的国家社会福利法案上。这种"从摇篮到坟墓"的福利保障体制不仅为所有公民提供了基本生活保障,也营造了和谐稳定的社会环境。芬兰全面而广泛的福利不仅保证了多数公民的社会安全和生活福利,也使部分社会困难群体避免陷于孤立无助的困境,对社会稳定与和谐起到了至关重要的作用。尽管20世纪90年代初的经济危机对芬兰的社会福利产生了很大的负面影响，至今尚未完全恢复到危机前的水平，但据2005年的统计，芬兰社会保险的支出仍然占到了GDP的24.8%。

芬兰福利国家的形成不是一蹴而就的，有一个从单项救助向全民福利逐步发展的漫长过程。人们一般认为，社会保障由社会救助、社会保险和社会福利三个由低到高的层次构成，芬兰社会福利制度的过程，似乎也印证了这一点。

一、不断完善的法律制度

法律法规的发展完善，伴随并促进着芬兰社会福利制度的每一次完善和每一级进程。

（一）20世纪早期，芬兰以立法推进社会救助

20世纪早中期，芬兰的福利是以单项的社会救助为主要内容的，有五个方面特别重要。

1. 工伤保险

1895年，芬兰第一次制定有关防止工人由于工伤事故而遭受损失的法律。1925年芬兰通过了工伤事故保险法，1935年加以充实和完善，这项法律要求举办强制性的工伤事故保险。1939年芬兰制定了普遍的疾病保险法。

2. 年老和残废者的保险

这项法律制度于1939年生效，适用于所有18岁以上的人。它规定所有65岁及以上的人且曾经参加保险至少达10年的，都可得到年金。

3. 家庭政策

有三个因素促进了家庭政策的发展。一是移民问题。由于贫困和严酷的自然环境，北欧农民常常向欧洲大陆移民，并在20世纪30年代后出现了大规模向美国移民的活动。因此，如何稳定人口规模、防止人口外流，是当时北欧国家的社会精英普遍讨论的问题。二是人口问题。到20世纪20年代，这些国家的人口下降趋势日益严重。三是单亲母亲和非婚儿童现象的流行，如何抚养这些儿童成为一个重要的社会问题。在这些因素的推动下，北欧国家制定了早期的家庭政策。芬兰进行了儿童津贴的立法，并在1949年设立生育津贴；对产妇的帮助扩大了，所有的母亲都得到补助金、产前照顾以及医药和护理的指导。

4. 对贫穷人口的救济

1939年，芬兰有七个大城市特别设立了法律指导处，由一位由市政府任命并支付薪金的律师负责主持。设置这种机构的目的是为那些无钱聘请律师的

公民在法院内外提供法律上的帮助。对贫困人口的救济从直接分配食物到设立游民收容所以及对残废者、精神上有缺陷者或酒精中毒者的教养机构等都包括在内，还有各种其他组织也提供类似的帮助。

5. 城乡的住房问题逐步得到解决

1919年后，芬兰对农业劳动者和工业工人的住房情况以及一般住房的情况采取了一些补救措施。在1930年，赫尔辛基平均一家六口人住四间房，一家三口人只有两间房，到1939年，由于形成了一个用公款来支付的住宅建筑计划，情况大为改善。

在"二战"前，用于社会立法以及用于消除社会和经济失调的各种活动和服务事业的款项一年比一年增加：1935年，在国家预算中近5900万芬兰马克用于各种直接的社会事业和管理方面，1936年是近6700万芬兰马克，1937年则超过7800万芬兰马克，1939年更是超过了1亿芬兰马克。1938年，国家用于社会福利事业的拨款达6.45万芬兰马克。1938年社会事务部对地方和私人用于这方面的款项作过估计，得出结论说，在此前的10年中，每年国民收入约有5%～6%是用在使共和国公民走向较好和较富裕的生活的。

（二）20世纪中期，福利法规不断完善，福利国家逐步形成

从20世纪50年代到70年代，和北欧社会的发展基本同步，芬兰逐渐形成了福利国家体系，并走入独特的"社会民主主义模式"。在此进程中，芬兰社会在以下方面取得了积极的进展：在公共福利方面，发展了医疗、教育和住房等公共服务体系，并由市政府来推进医院、学校、幼儿园等机构的发展。在社会津贴方面，战后重建阶段已发展起儿童津贴、残疾津贴和生育津贴体系。在社会保险方面，芬兰1937年颁布了国家养老金法，1956年进行了重新修订，通过了《全民养老金法案》，为所有超过65岁的公民提供养老金。1961年颁布了职工养老金法，1970年出台了个体从业人员养老金法、农场主养老金法，2005年又对职工养老金方案进行了改革。在医疗保健方面，芬兰在1959年建立了失业救助，并分别在1963年和1967年分两个阶段引入了疾病保险法。1972年建立了基本卫生保健法，1989年制定了特殊医疗照料法，1990年出台了精神医疗保健法，1992年又对社会福利和卫生保健收费制定了专门的法规。每一项法律法规的内容都十分具体，不仅规定了公民享受社会保障的资格和权利，也规定了实施社会保障措施的政府的责任和义务。正是这些法律制度的不断完善，推动了芬兰的社会福利制度逐步形成今天的模式。

（三）近期，努力进行调整，力求社会福利的适度性

人们分析，引起变革的原因在于，芬兰社会福利制度存在以下负面因素：①高税收支撑高福利。高税收给企业、个人和社会带来沉重负担，影响了人们的工作积极性和芬兰产品的竞争力。②福利过高导致激励不足。过高的福利保障成了芬兰国家和企业的沉重包袱，压制了企业的发展活力。同时，这种政策容易养懒汉，使许多人陷入了对福利制度的长期依赖。③财政开支及社会负担过重。资料表明，20世纪90年代以来的20年间，芬兰社会保障支出占GDP的比重保持在25%～30%之间，近几年的社会保障支出占GDP的比重虽然有所下降，但其总额仍然居高不下。

20世纪90年代的10年，芬兰出现了一系列经济问题，失业率从1990年的3.2%上升到1994年的16.7%，导致福利开支的剧增和税收的大量下降。批评者认为，芬兰的经济衰退和失业率增长表明了福利国家体制的失灵。在芬兰，Esko Aho领导的右翼和中间联盟的政府主张政府的公共开支必须降低，国家福利必须削减。虽然芬兰最后以高科技工业摆脱了经济危机，但上述负面因素还是引起了社会和政府的重视。为了避免高福利给社会公平和效率带来的双重影响，芬兰对社会福利制度进行了一些改革。

2007年，一个设在芬兰社会事务和卫生部内的被称作"SATA委员会"的临时机构成立，负责对芬兰的社会保障制度进行改革。目前，已经进行的改革体现在六个方面：①津贴水平下降，特别体现在芬兰和瑞典的许多社会保障项目中；②津贴给付时间缩短且设置或延长了等待时间；③通过不同的措施来严控津贴给付的资格条件审核；④强调加强就业能力的训练、教育和培训；⑤养老金系统的改革，强化了缴费与津贴给付之间的关系；⑥地方政府在福利融资和分配中的作用大大强化，并在中央和地方之间出现了越来越多的谈判。

但改革持续了半个多世纪的福利制度并非一蹴而就的。在选举政治的大背景下，对于政府来说，如果大幅调整国家的福利制度，带来的必将是选票的大量流失。北欧国家的政府处在一个两难的境地，为争取选民，不到万不得已不会削减福利政策，这为解决金融危机带来的问题设置了障碍。芬兰福利模式与希腊相似，都是以财政为主支撑社会福利，上述困难，也是希腊在金融危机中无法摆脱困局的根本原因所在。

经过多年的变革和调整，芬兰的社会福利制度基本成型。芬兰的法定社会保障分为以居住为前提和以就业为前提的社会保障。绝大部分社会保障是以居住为前提的，即只要是长期居住在芬兰的人便有资格申请并获得国家提供的基本社会保险。KELA是负责这部分社会保障的管理和执行机构。法律规定，每

个长期居住在芬兰的居民都可以申领一张社会保险卡（KELA 卡），并凭卡申请享受各个方面的基本社会保险，如家庭津贴、学生资助、产妇津贴、疾病津贴、子女抚养现金津贴、医疗费报销、失业补助/津贴（非收入性）、托儿补贴、伤残津贴、康复津贴、国民养老金（非收入性）、家庭养老金（非收入性）、一般住房津贴、学校交通补贴等等。

在实际运作过程中，芬兰社会保险机构的工作程序十分严谨。

KELA 在受理保险申请时，最关键的是要对保险受益人的资格进行审定。根据欧盟成员国之间的协议，欧盟成员国的居民可以在欧盟范围内自由流动，因此芬兰有义务为从欧盟其他国家迁居到芬兰的居民提供社会保险，无论其是否拥有芬兰国籍。此外，芬兰与外国签订的有关协议，国内相关立法等也会对保险受益人的资格产生影响。对于不在上述范围内的新迁到芬兰的外国人，是否具备享受芬兰社会保险的资格取决于他是否计划在芬兰长期居住。可能出现的情形很多。例如，一个外国人一旦与芬兰公民结婚，他/她就有可能在芬兰长期居住下来；再如，一个外国人如果受聘于芬兰的一个长期职位，那么他也可能成为芬兰的长期居民。即使是芬兰的长期居民，如果离开芬兰超过 12 个月，则他所享受的芬兰社会保险福利将从离开芬兰之日起被扣除。当然对那些由工作单位派往国外长期工作的不受此条规定的限制，他们可以向 KELA 提交在国外工作的申请，期限不超过 5 年，如工作需要，可再延 5 年，一旦申请获准，则他们在国外期间仍可享受 KELA 提供的社会保险。对享受孕产保险的妇女，她在分娩之前的 6 个月期间是不能离开芬兰的，否则将被取消获得保险的资格。KELA 设在全国各地的 200 个办事处对各类保险受益人的资格进行认真的审核，同时也与其他相关的社会服务部门进行信息共享，以便及时准确地判定保险受益人的资格。例如，为了确认保险受益人是否离开芬兰超过 12 个月，KELA 可以从海关、出入境管理等机构提供的信息中获得准确的依据。KELA 每年处理此类相关案例超过了 10 万起。

作为社会保险的管理和实施机构，KELA 的工作受到严格的监督。KELA 是依据芬兰保险机构法设立的，其地位、职责和管理结构也是在法定框架内设定的。由 10 名成员组成的董事会负责 KELA 的管理和业务发展，董事会受议会的监督。由 12 名议会任命的托管人和 8 名由托管人挑选的审计员对 KELA 的日常管理和运作进行监督。托管人对董事会提交的财务报告进行审核，并每年向议会提交一份年度工作报告。此外，所有保险和养老金机构都受到芬兰保险监督管理局（ISA）的监督，ISA 是依法建立的、隶属于芬兰社会事务和卫生部但拥有独立决定权的机构，由社会事务和卫生部批准设立的 ISA 董事局负责该机构的日常工作。ISA 的宗旨是确保保险受益人的利益，确保保险和养老金机构各项业务的稳定发展，确保公众对保险业的信心。它的主要任务是对保险和养老金机构以及其他保险业的运营商进行监控，对受监管机构的偿付能力及其发展动态、内部控制和风险管理系统，以及日常管理的可靠性进行监控和评估。ISA通过对受监管机构的监控，确保保险和养老金机构、保险经纪公司和失业基金等在具体运作中程序合法。ISA还对保险的条款、条件以及保费等是否符合法律进行监督。

由于严谨和监督到位，在KELA办理的保险申请中，冒领、错发的可疑案例仅占其办案总量的0.02%（2005年统计数据）。

二、有力的财政支撑和明晰的责权利关系

芬兰的法律规定，国家级行政机构负责制定公共管理和服务方面的政策和规划，对居民提供福利服务的主要责任在每个市的市政府。社会养老服务、医疗保障服务和社会服务是芬兰社会福利的三大基石，在2008年芬兰的社会公共支出中，社会保障支出占41.4%（其中养老金支出占35.3%），占到当年GDP的20.4%，医疗保障服务占17%，社会服务占14.8%。为了确保地方政府的执行能力，在财政体制方面，芬兰实行中央和地方责权利对等的财政体制。从社会保障资金来源和经费负担比例上看，中央政府负担其中的25.1%，雇主负担其中的38.9%，社会保险负担11.3%，其他途径占5.2%，各市政府仅需负担19.5%。这种经费分担比例，保证了各地政府有足够的资金用来办好社会福利事业，而不必花费过多的精力去想办法筹资，这样一来，他们就可以将主要的精力用在如何提供更高效、便捷、优质、便宜的公共服务上。

三、市场化运作的社会福利

按照法律规定，提供福利服务是芬兰各地方政府的责任。在如何提供优质的社会福利服务这个问题上，芬兰各地都面临着一个选择：是自己办福利项目，还是放手让社会办项目。一些地方政府认为后者更符合现代政府治理改革的方向，具体的项目放给社会力量去做，市政府仅负责规划、指导、协调、监督，并通过购买服务的办法，完成法定由市政府负担的福利服务项目。我们实地考察的坦佩雷市就是其中的一个突出代表。

坦佩雷市区有居民21.3万人，是芬兰第三大城市。坦佩雷市地理位置优越，海陆空皆可到达，这里有安全优美的环境、众多的湖泊、合适的城市规模、较高的公民素质，是芬兰除赫尔辛基以外市民最愿意居住的城市。但近年

来,坦佩雷也面临着一些挑战,其中最大的三个是市区和中心区域在不断扩大、人口老龄化程度较高、居民福利对财政支持和生产力的增长都提出了更高的要求。近年来,坦佩雷市努力探索,将公共管理及服务方式市场化运作作为转变政府职能、打造现代政府的主要手段,力图走出一条市场化改革的道路。

随着芬兰社会老龄化的到来,许多老年人愿意居住在自己的家中,但对福利服务的要求却呈现多样化,如清洁、文化、安全、购物、信息、交通、家庭护理等等。同时,服务的提供者也各具特色,所处的地点也较为分散,群众不易接触他们,在挑选服务提供者的时候,老年服务对象往往处于不利的地位。面对这么一个复杂的综合系统,如何为老年市民提供优质、高效、低成本、可及性佳的社会福利服务,是市政府的责任和必须应对的严峻挑战。

受到现代市场体制及其运行模式的启发,坦佩雷市政府委托MAWELL护理有限责任公司成立了一个名叫KOTTITORI的运作平台,在技术手段的支持下,集中了102个护理服务供应者(其中的28家为合作供应商),为全市的老年人及其亲属提供一个很容易使用的家庭服务集成体即"一站式商店"。老年人及其亲属可以通过呼叫中心的电话、网络或到位于市政厅的办公室与工作人员联系。其中,按照法律必须由政府负担的服务内容和项目,由坦佩雷政府向服务提供商招标购买,老年市民无偿使用;此外的服务项目则由使用者自行负担。通过这种方式,政府把复杂的系统简单化,一个口子进出,政府本身不直接提供服务,但取得了多赢的效果:服务对象有可信赖的机构为他们办理服务事宜,能方便地找到服务供应者,同时有多样化的选择,价格更加透明便宜,享受到的福利服务质量更好;服务提供者得到更好、更有效的市场渠道,可把工作重心放在提高服务质量上来,可通过平台的信息研讨、分析市场和服务;政府也可更方便地了解市民的真实需要,并把主要精力放在其他更加重要的社会发展和管理事宜上。

关于芬兰社会福利制度的思考

李 兵

北欧诸国属西方资本主义国家,芬兰、瑞典、挪威、丹麦、冰岛等素有福利国家之称。他们各自的国情和实行的政策有差异,但都是非常接近所谓"北欧模式"的社会福利国家。

资本主义市场经济是市场经济与资本主义制度的结合体,建立在生产资料私有制的基础上;我国的社会主义市场经济是市场经济与社会主义制度的结合体,建立在以生产资料公有制为主体、多种所有制经济共同发展的基础上。不同社会制度的国家的政策必然有其自身特点,但这并不排斥某些方面可以相互启发和借鉴。

经过在芬兰共和国的实地考察,笔者初步看到了该国实行的社会福利制度及公共管理制度。联系到我国,在邓小平理论、"三个代表"重要思想和科学发展观的指引下,正在进行有中国特色社会主义建设的伟大事业,社会处于巨大变革和经济快速发展的新阶段。党中央、国务院十分重视民生,把改善民生问题作为建设和谐社会、不断改革开放、持续经济发展的新成果而列入国家"十二五"规划。这对国家长治久安,稳定发展,建设小康社会具有非常重要的战略意义。

一、芬兰社会保障制度的基本情况

芬兰国土不大,面积为33.8万平方公里,人口530多万,属亚寒带大陆性气候,由于地处高纬度,冬季漫长而寒冷,夏季短暂而温暖,全国大小湖泊六万余个,被誉称"千湖之国"。其最重要的资源就是森林,占全国陆地面积的76%,居世界之冠。在矿产资源方面,铜的埋藏量最多,还有其他各种矿藏等。

芬兰的资本主义经济发展较晚,直到20世纪20年代,才成为后起的资本主义国家。1995年,芬兰加入欧盟,到2011年芬兰的国民生产总值(GDP)

为1916亿欧元，保持了较高水平。全国有80%的人居住在城市里。

芬兰的工业化和城市化带来了人口的变化，其人口结构中的一个特点是已经出现了老龄化。到2007年，芬兰65岁及以上的老年人占总人口的16.5%，赡养比为1∶4；到2011年，总的养老金支出241亿欧元，总养老金占社会支出42.5%。随着人们生活条件的改善，这个比例在一定时间还会增长。

老龄化社会的到来，使社会保障支出占GDP的比重发生了变化。到2011年，芬兰的社会保障相关支出已占到GDP的29.59%，总养老金支出占GDP的12.6%，越来越多的人口开始领取养老金。

现在芬兰实行的社会保障制度主要有以下几方面。

（一）养老金制度

芬兰是一个人口老龄化严重的国家，其养老金模式不同于其他北欧国家，对所有老龄人口实行两种制度，即国家养老金和收入关联养老金。

国家养老金不仅对老龄人口发放，而且包括多种抚恤金津贴，以维持受益人的最低生活水平。年满16岁在芬兰定居3年及以上的芬兰居民就有权申请国家养老金，或者作为芬兰定居者，在该国拥有住房并每年至少有一定时间在芬兰生活的人，也可以申请国家养老金。对于拥有欧盟成员国国籍的雇员及其家人、难民以及没有国籍的人，只要在芬兰，就有权作为芬兰居民享受芬兰的国家养老金。对非欧盟国家在芬兰工作的雇员，如果他们已经获得芬兰社会保障的权利，那么同样有权享受国家养老金；或者他们年满16岁以后在芬兰持续居住5年以上，也被认为可以作为芬兰居民而有权享受国家养老金。在芬兰生活几年且在满21岁以前成为残疾人的，不用考虑在芬兰居住的时间长短就可以享受国家养老金。

凡领取国家养老金的人，除以上条件外，还有额外的限制，受益人必须年满65岁后没有其他的津贴和补充收入，难以维持日常生活的最低标准。作为老龄人口生活的最低保障，最早可以从受益人65岁的时候开始发放，发放额以国家养老金法案为依据，视其获得其他养老金（主要指收入关联养老金）的多少来决定国家养老金的多少，根据申请人在芬兰居住年限加以调整。16～64岁且在芬兰生活长达40年的人则不考虑他的居住年限。正常领取养老金的，则从65岁开始领取，养老金的发放根据每年的生活水平指数调整。

收入关联养老金与国家养老金不同，主要是为了保证雇员退休后的生活水平和工作时一样，该养老金的多少主要受工作年限和工作时工资收入的影响。收入关联养老金制度在芬兰分为公共部门体系和私人部门体系，为雇员在年老、残疾、失业的情况下提供保障并覆盖其遗属。收入关联养老金遵循的法律包括雇员年金法案等各项针对性的具体法规。

管理国家养老金的部门是芬兰全国保险机构，管理收入关联养老金的部门是财政部和年金公司。

（二）医疗保障制度

芬兰建立了一套完整的医疗保障体系，这个系统是由受保人及其雇主缴费、政府补贴而形成的医疗基金，由基金支付受保人的医疗费用，政府提供主要的医疗服务机构。全国划分为几十个医院联盟，负责提供各种专业的医疗健康服务：①公共医疗保健以及医疗费用报销。每个公民都有权享受基础和特殊的卫生保健服务。公民的部分医疗费用通过疾病保险在规定限额内报销，对于一些慢性病和危重疾病，则报销得更多。②疾病医疗津贴。所有 16～64 岁的芬兰居民，如果因病暂时脱离工作连续 60 天以上，可享受医疗津贴，如果带薪休病假，则津贴转给雇主，自雇者和非自愿失业的残疾人享受同等待遇。③其他医疗保障制度。除医疗保险外，还包括对低收入者的疾病现金补助（由政府出资，通过收入调查向符合条件的芬兰居民提供一定限额的现金补助）。此外有许多私人医疗保健服务，如个人聘请私人医生、特殊专业看护、附加检测治疗等，私人医疗服务一般在公共医疗机构的全科医生休息时提供，私人医疗保健的费用也可以在全国保险机构报销，但报销比例比较小。

（三）失业保险制度

失业保险制度由三部分组成，基本失业补助、劳动市场补贴和收入关联的失业保险。

在芬兰，基本失业补助覆盖了每个居住在该国的人（含欧盟成员国公民）；劳动力市场补贴是为了维护失业者的生存权利，使失业者尽快返回劳动力市场；收入关联的失业保险的享受者必须是失业保险基金会的会员，会龄至少达到 6 个月，失业金的多少取决于享受者失业前的工资收入水平。

（四）工伤保障制度

芬兰法定的工伤保险制度覆盖了所有雇员和自雇者，工伤保险提供的待遇主要包括治疗工伤或职业病所需要的医疗费，以及弥补工伤时收入损失的工伤津贴。对于一个完全丧失劳动能力的人，工伤津贴相当于原有收入的 85%，当达到 65 岁时，就下降到 70%，其他情况下，工伤津贴的多少取决于伤残程度和失去劳动能力的程度。

芬兰的工伤保险由私人保险公司管理经营，由中介机构监督。

（五）家庭福利制度

芬兰的家庭福利制度主要由全国保险机构提供，包括儿童津贴、产假与生育津贴、儿童家庭看护津贴、残疾儿童照料、残疾人津贴等。①儿童津贴。所有境内17岁以下的公民都有权享受免税的儿童津贴，包括在芬兰定居一年以上或者拥有永久居住权的居民。儿童津贴的发放以家庭中孩子的多寡分等级决定。对于独身父母给予适当照顾。②产假与生育津贴。所有父母都有权利休带薪产假，母亲为105天，父亲为1—3个星期。产假期间由全国保险机构支付假期津贴（包含了税收，享受者要纳税）。此外，每个孩子出生时，家庭可以领取免税津贴，出生当天，家里会收到当地政府给的一个大袋子，里面有各种婴儿用品或现金。③儿童家庭看护津贴。为了减少看护儿童的压力，保证妇女参加工作的权利，芬兰的儿童看护机制非常发达。父母可以选择将学龄前儿童在日托机构中就托，也可以选择在家庭中看护。若在家庭中看护，儿童的家庭看护津贴由基本照料津贴和一个增加额组成；考虑到家庭的大小和收入状况，还可以适当增加儿童家庭看护津贴，但增加额有限。儿童家庭看护津贴是一项含税收入。如果选择在私人承办的日托机构就托，也可以享受私人看护津贴，该项津贴由全国保险机构直接支付给私人日托提供者和私人日托管理中心。④残疾儿童照料津贴。凡11岁以下的残疾儿童有权利获得免税津贴，按照残疾程度分三个等级，区别不同程度对待。⑤老年人津贴。老年人津贴一般不以现金的形式发放给老年人，而是提供给社区服务机构，使得老年人在社区接受各种社会福利服务，其内容主要有家庭看护服务、家政服务和专业照料，同时，老年人还可以接受医疗机构定期的医疗健康咨询服务。⑥残疾人津贴。给予残疾人津贴是为了消除残疾人平等参与社会活动时的各种障碍，保证残疾人平等、独立地参加工作和社会活动，减轻他们身体上、精神上和交流上由于残疾而带来的障碍。同样，该津贴根据伤残程度不同分为三个等级。

二、芬兰社会保障制度的特点

（一）依法实施的全民社会保障制度

芬兰在全国范围内实行较高水平的社会福利政策，几乎是"从摇篮到坟墓"都有社会保障。芬兰的法律体系非常健全,大到宪法,小到实施细则。宪法保障每一个公民的基本权益,而具体的法规明确了每一种社会保障项目的目的、原则、标准和实施办法。无论是养老还是医疗保健,都有一系列的法律条文,针对不同的医疗保障对象有具体规定,便于操作。它既明确了公民享受社会保障的资格和权利,也规定了实施社会保障措施中政府的责任和义务,确实体现了人性化管理。

(二)政府高度负责,地方政府是社会和健康服务的主要提供者

在调整社会资源配置方面,政府发挥了强大的作用,在劳动力市场构建过程中非常重视促进社会的充分就业。地方政府可以从私营机构处购买服务提供给所辖居民,同时,政府负责安排学校、社会服务和健康服务等基本服务。中央政府和地方政府都有权征税,地方政府从中央政府得到补助以确保向居民提供必要的社会服务,受益者对有些服务也要缴纳一定的费用。在社会服务中,最重要的领域是初级保健和专业医疗、孩子日托、对老年人的关怀、为残疾人服务、社会救援和儿童福利。芬兰的公共医疗是普遍的、基本的,私人服务则起到补充作用。

(三)社会保障资格覆盖了全体公民

享受社会福利待遇是每一个公民或居民的基本社会权利,与他们的职业状况、婚姻状况以及其他社会经济地位等因素无关。政府通过现金津贴和社会服务等方式把资源再分配给社会成员,使每个公民都能得到实惠。

(四)性别平等水平较高

性别平等表现为女性受教育程度高,无论是在基础教育方面还是高等教育方面,女性的比例基本与男性相当;妇女在劳动力市场的参与程度也高,尤其是在公共服务领域,多数是女性从业者,居民家庭大多数是双职工家庭。儿童日托制度使大部分妇女生完孩子后可以返回到工作岗位。

从上述情况可以看出,芬兰的国家福利制度是从该国的国情出发,根据需要与可能发展起来的。从政策效应看,符合它的治国理念。

第一,作为法治社会,一切依法办事。一个国家的宪政基础是其社会福利政策的基础和前提,没有法制保障,社会福利政策就不可能强制执行。芬兰的社会保障政策严格遵循合法性标准,大到社会福利法案,小到儿童日托看护法案,无一例外地以明文规定的法案予以确认,确保了每个有资格享受社会保障

政策的人能够受益。

第二，坚持了投入与产出的统一。这是指调查社会保障政策的资金配置、运用和监督以及社会福利政策的出台达到预期目标。目前，芬兰社会保障的投入在北欧国家不算高，但广大居民对本国的福利政策还是持积极肯定态度，应该说，其社会福利政策是成功的。

第三，具有系统性功能。公共政策是一个系统工程，各个组成部分之间相互关联。芬兰的社会保障政策在其公共政策中处于举足轻重的地位，它为公众提供了一个强大而稳定的安全网，使人们生活富裕，整个社会能多就业，减少失业率，救助弱势群体，促进了经济发展和社会稳定。然而在欧洲经济危机的大背景下，芬兰的失业率也一直在一定的水平徘徊，社会福利政策也存在不少问题，有待不断调整和完善相关政策。

第四，社会公平问题。芬兰在社会保障制度运行的过程中也产生了一系列问题，包括其沉重的负担，高福利滋生了吃"大锅饭"的现象，一些企业生产效率低，自愿失业严重，等等。随着人口老龄化的发展，如何解决越来越严重的养老问题，逐渐成为社会保障制度运行中的难题。据预测，到2038年，芬兰65岁及以上老年人口的比重要增加五个百分点，老龄人口将占劳动年龄人口的44%，约2个年轻人要抚养1个老年人，社会保障制度会面临难以持续的危机。同时，欧洲一体化进程也给芬兰的最低保障政策带来了困难，因为普遍的以居民身份为基础的社会保障项目必须适应流动人口的增加，怎样为所有人口提供保护也对芬兰的社会保障制度提出了挑战。现在，形势变化对芬兰的社会保障体系也产生了影响，面对复杂的现实，芬兰必须在今后切实解决出现的各种问题。

三、我国社会保障体系的改革与发展

看国外，想中国。实践证明，社会保障制度作为一种与经济制度并存的制度体系，在消除贫困，抵御因疾病、失业、年迈等因素带来的社会风险，以及保持社会稳定和促进经济持续增长等方面，越来越发挥着重要作用。从1978年党的十一届三中全会开始，我国的社会保障制度进行了逐步改革，到现在真正形成了基本框架。

30多年来，我国经历了从计划经济到市场经济的转变。与市场经济体制相配套的、覆盖城乡居民的社会主义社会保障制度体系正在向更深、更广的范围拓展，现在社会主义建设已经进入了以工促农、以城带乡、逐步迈向城乡一体化的新阶段。我国是人口多、国土大、家底薄、城乡差别很大的国度,有70%左右的人口居住在农村,只有逐渐与城市同步地在农村实行社会保障制度,才能真正在全国范围内建立起一个可靠的社会安全体系。目前社会保障制度的覆盖面和受益面以及城乡之间都有不小差距,对此,国家"十二五"规划在社会保障方面制定了明确的目标和任务。传统的社会保障制度面临经济制度转轨的挑战,即国家和企业大包大揽的社会保障制度已经不适应市场经济体制改革的需要,必须建立一个与社会主义市场经济相适应的社会保障制度。

党中央、国务院十分重视这个问题,采取了一系列措施:一是积极调整就业结构,努力促进就业总量的增加,建立市场导向的就业机制,保持了就业形势的基本稳定;二是致力于维护和谐稳定的劳动关系,改革工资分配制度,逐步完善劳动标准体系,形成新型劳动关系;三是改革完善社会保障制度,使社会保险制度覆盖大多数城镇从业人员和退休人员,建立了居民最低生活保障制度。与此同时,农村的社会保险制度建设也正式提到了议事日程,国家在农村建立了新型农村合作医疗制度,以解决农村居民的医疗保障问题;在一些经济水平发展比较高的地区,通过试点已建立了农村养老保险制度,从而使建立城乡全覆盖的社会保障制度将成为或已成为相当部分地区的现实。

在改革和建设中,一个不容忽视的严重问题是人口老龄化危机的加剧。我国已经步入人口老龄化社会。据统计,到2011年底,全国60岁及以上的老年人口已达到1.85亿,预计到"十二五"期末,将达到2.21亿,老年抚养比和制度赡养率的上升,直接造成城镇企业职工养老、医疗等社会保障负担日益加重。同西方国家相比,我国工业化还没有完成,老龄化就提前到来,规模大、速度快,"未富先老"。而且,据有关部门调查,随着观念改变,有一半以上的老年人不愿再依靠子女养老,而乐意使用社会养老保险。

人口加速老龄化导致了社会保障资金需求量大增。预计到21世纪30年代,我国人口老龄化将达到高峰,城镇的养老负担系数将大幅提高,医疗费用也将随之大大加重,而今后二三十年正是我国全面建设小康社会的关键时期。这必然关系到社会保障制度能否平稳运行,影响到社会经济的可持续发展,因此,必须进行相应的变革以迎接人口老龄化的到来。

我国确立了社会统筹与个人账户相结合的部分积累模式,实现了从现收现付制向部分积累制度转变。对城镇职工医疗保险制度和失业制度也进行了改革,在农村开始建立、推广新型医疗合作制度,逐步推进农村养老保险制度建设,通过制度安排来化解人口老龄化带来的各种社会风险。

以前的生活保障主要由企业和国家负担，个人无须缴纳任何费用，权利与利益完全分离，这是不科学也很难长期维持的。经过改革，今后社会保障资金的筹集要从传统的国家和企业负担模式转变为国家、企业和个人三方面负担，适当增加个人缴费应成为社会保障制度不可缺少的重要部分。

另一个不可忽视的问题是，在经济建设快速发展的过程中，社会收入分配的差距拉大。城乡之间以及城镇和农村内部出现了两极分化现象，导致了以不同收入群体为中心的社会分层，中等收入和中等偏下收入群体过大，收入分配差距的拉大造成了社会分配不公的现象，这意味着因失业、年迈、疾病等原因带来的社会保障问题更加突出。

据专家估计，全国弱势群体规模在1.8亿左右。胡锦涛总书记在主持召开的中央经济工作会议上曾经强调，要做到"两个确保"和"三条保障线"，即确保国有企业下岗职工基本生活费和企业离退休人员养老金按时足额发放；下岗职工基本生活、失业保险金和城市居民最低生活有保障。对农村贫困地区，要大力推进扶贫开发，增加扶贫投入，提高扶贫开发成效。

以人为本、关注民生已成为国家的一项基本政策，务必千方百计满足贫困人口的生存需要，通过制度安排与设计确保这部分群体的基本生活。我国的社会保障制度为全体社会成员在遭遇疾病、失业、贫困以及特殊灾害的社会风险时提供了切实的生活保障。

从我国的国情出发，现阶段全社会基本建立了独立于企业事业单位之外、资金来源多元化、保障制度规范化、管理服务社会化的体系。国家加强了对社会保障资金的管理和监督。把过去由多个行政部门分别管理的社会保险转变为由劳动和社会保障行政部门统一管理，建立了相应的社会保险经办机构，承担社会保险具体事务管理工作。过去由企业承担的社会保险事务逐步转变为由社会机构管理，即社会保险待遇实行社会化发放，社会保险对象实行社区管理。社保基金财政专户实行收支两条线管理，专款专用。各级劳动和社会保障行政部门负责对社保基金的征收、管理和支付进行检查、监督，对违法违规进行查处。同时，通过强化基金征缴和提高社会保障支出占财政支出的比重等措施，努力拓宽社会保障资金的来源。国家已专门成立了全国社保基金理事会，负责社会保障资金的管理和运营。

根据《中国的劳动和社会保障状况》白皮书资料，目前我国的社会保障制度如表1所示：

表 1 我国现行社会保障制度

区域	制度	覆盖人群	制度模式	基金筹集
城镇	职工养老保险	企业职工、个体灵活就业等从业人员	社会统筹与个人账户相结合	社会统筹由企业缴费、个人账户由个人缴费
	职工医疗保险	企业职工、个体灵活就业等从业人员	社会统筹与个人账户相结合	社会统筹由企业缴费、个人账户由个人缴费
	居民医疗保险	城镇各种非从业人员	社会统筹	个人缴费和政府补助
	失业保险	企业职工	社会统筹	企业和个人缴费
	工伤保险	企业职工	社会统筹	企业和个人缴费
	生育保险	企业职工	社会统筹	企业和个人缴费
	最低生活保障	贫困线以下的低收入家庭	社会统筹	政府财政负担
	住房保障	无住房低收入的家庭	社会统筹	政府财政负担
农村	养老保险	农村居民	个人账户	个人缴费为主,集体补助为辅,政府给予政策扶持
	新型合作医疗	农村居民	社会统筹与个人账户相结合	社会统筹,由政府筹资,个人账户由个人缴费
	最低生活保障	贫困线以下的低收入家庭	社会统筹	政府财政负担

注：社会福利制度、优抚安置制度、灾害救助制度等由政府财政拨款支付，未列入此表。

我国的社会保障制度充分体现了社会主义初级阶段的特色，确保了国家稳定、长治久安，在深化改革中取得了巨大成就。同时，我们也要看到，仍然存在许多前进中的问题，这是因为制度不够完善，覆盖范围有待更广更深发展，基金支付压力大，法制尚不健全，管理基础比较薄弱，部分社会群体保障待遇不合理，城乡社会保障差距过大，等等。

社会保障体系的建立与完善正在加快步伐，发展中出现的问题只能在不断

推进国家治理体系现代化：
芬兰实践的考察

TUIJIN GUOJIA ZHILI TIXI XIANDAIHUA:
FENLAN SHIJIAN DE KAOCHA

郑德涛　林应武　主编

中山大学出版社

·广州·

版权所有　翻印必究

图书在版编目（CIP）数据

推进国家治理体系现代化：芬兰实践的考察/郑德涛，林应武主编．—广州：中山大学出版社，2015.10
ISBN 978 - 7 - 306 - 05459 - 3

Ⅰ. ①推… Ⅱ. ①郑… ②林… Ⅲ. ①行政管理—芬兰—文集 Ⅳ. ①D753.13 - 53

中国版本图书馆 CIP 数据核字（2015）第 227529 号

出 版 人：	徐　劲
策划编辑：	赵　婷
责任编辑：	赵　婷
封面设计：	林绵华
责任校对：	刘丽丽
责任技编：	黄少伟
出版发行：	中山大学出版社
电　　话：	编辑部 020 - 84111996，84113349，84111997，84110779
	发行部 020 - 84111998，84111981，84111160
地　　址：	广州市新港西路 135 号
邮　　编：	510275　　传　真：020 - 84036565
网　　址：	http://www.zsup.com.cn　E-mail：zdcbs@mail.sysu.edu.cn
印 刷 者：	广东省农垦总局印刷厂
规　　格：	787mm×960mm　1/16　12 印张　226 千字
版次印次：	2015 年 10 月第 1 版　2015 年 10 月第 1 次印刷
印　　数：	1～1000 册　定　价：30.00 元

如发现本书因印装质量影响阅读，请与出版社发行部联系调换

编 委 会

主　　编：郑德涛　林应武
副 主 编：陈康团　国亚萍
编　　委：郑德涛　林应武　陈康团　国亚萍
　　　　　谭　俊　肖　滨　李　华　何艳玲
　　　　　应国良
执行编辑：李　华　应国良　朱雅婧

改革、探索中逐个加以解决,其发展趋势必将是管理更加完善、法制更加健全、保障水平逐步提高。我国的社保体系不仅能覆盖城乡居民,而且能够在保障民生的基础上全面改善民生,成为构建和谐社会的重要制度之一。

四、对完善广东地质系统社会保障体系的几点想法

在我国社会保障制度的大框架下,广东地质系统的社会保障工作很有文章可做。按照国家规划和省委省政府部署的任务,局党委带领全局干部职工,圆满完成了各项计划和任务,非常重视本系统的社会保障工作。如何按国家政策进一步具体抓落实,笔者认为至少有以下几点:

第一,以创新精神树立关注民生、改善民主的新理念。要使各级组织和领导从思想上明确抓好这件事的重要性。中央决策具有战略意义,它深得民心,完全符合人们的心愿。

第二,把改善民生问题落实到日常的具体实践中。过去地质部门为干部、职工办了大量实事,当然是非常正确的。随着时间推移,新形势有着新的问题和需求,也难免出现新的矛盾,我们要及时分析形势,针对不同层次、不同岗位、不同工作、不同人群的具体情况,采取具体措施,以调动各方面的社会积极性。特别要对那些长年从事野外作业的单位和人员应给予更多的关照。具体办事机构一定要满腔热情对待群众,梳理大大小小的问题,根据国家政策和上级有关精神,努力创造条件狠抓落实,使人们得到看得见的实惠。

第三,在贯彻国家改善民生的政策中,要研究地质系统的某些特殊性,做到各项措施有的放矢。从实际出发,分清哪些事情可以马上办,哪些事情需要创造条件逐步办,哪些事情因条件不具备应留待以后办。

第四,我们要深入基层,倾听不同的意见,集思广益,善解人意,以理服人,做好工作。

第五,鼓励干部、职工参加各种有关的社会保险。要培养保险意识,算好各自的一本账。参加保险,利国利己,确保平安。

第六,搞好福利事业,救助特困群众。经过认真摸底,搞清本系统各单位干部、职工中的困难户以及特困户。对下岗失业人员多子女无工作生活困难者、遭遇灾害等特殊原因出现困难的家庭、年老体弱不能自理者等,应在机关的年度预算中安排一定的福利基金,用于福利补助或救济,以解其燃眉之急。同时就本系统的实际情况与社会上的慈善事业机关沟通,取得他们的支持。

第七,充分保障老年人的合法权益,关心少年儿童的成长。不允许有任何侵犯老年人合法权益的行为,使他们的生活真正做到老有所养、老有所医、老

有所居、老有所乐。各单位尽力创造条件给老年人一定的活动空间。大单位有老年人活动中心，小单位至少要有老年人活动室，使老年人能安度晚年、健康长寿。

第八，本系统各单位的民生保障务必做到：干部、职工的工资、生活补贴有保证；福利向基层人员特别是野外作业的第一线人员倾斜；积极参加医疗卫生改革，搞好工伤、生育保险；在房改的基础上，除使用好住房公积金外，对无房户和多子女住房困难户，积极争取社会保障房或廉租房；开展对下岗职工和失业人员的职业培训，为其有技能重新上岗打基础。

第九，切实加强本系统生活保障的管理。要进一步完善规范、统一的科学管理办法，在局党委领导下，强化局机关后勤服务中心的职能，不仅要负责搞好本机关的后勤服务，还要从宏观上关注全局范围各单位的后勤服务工作，指导、协调各单位更好地抓生活保障，针对存在的问题，处理好矛盾，使有关民生保障的制度和政策能够有效地运行落实。

第三部分 社会福利与公共服务

欧洲国家应对人口老龄化的实践及其对我国的启示

李 燕

人口老龄化是人类社会发展的历史必然，是当今世界普遍存在的一个重大社会问题，只有时间早晚和进程快慢之分。欧洲是世界上最早进入人口老龄化的地区，近年来，随着生育率的下降和预期寿命的普遍延长，老龄化形势不断加剧。就我国而言，改革开放造就了 30 多年的经济持续高速增长，人民生活水平迅速提高，医疗卫生条件得到显著改善，使得人口预期寿命大幅延长。计划生育政策的推行造成人口出生率迅速下降，客观上加快了人口老龄化的进程，2000 年第五次人口普查显示我国已经进入人口老龄化社会。老龄化对社会产生了全方位的影响，对经济的影响尤为深远，较早进入老龄化社会的欧洲在应对老龄化的政策实践上独具匠心，对我国有启示作用。

一、从"六普"数据看我国人口老龄化的严峻形势

2011 年 4 月 28 日，国家统计局公布第六次全国人口普查数据：截至 2010 年 11 月 1 日，我国大陆人口 60 岁及以上人口为 1.78 亿人，占我国总人口的 13.26%，65 岁及以上人口为 1.19 亿人，占总人口的 8.87%。数据显示，"十一五"时期，60 岁及以上老年人增加了 3000 多万，其中 80 岁及以上高龄老年人增加了 500 多万，分别是"十五"时期的 1.8 倍和 1.2 倍。据此增速计算，到 2040 年，全国老年人数预计将超过 4 亿，占总人口比例接近 1/3；到 2050 年将高达 4.5 亿人，人口老龄化程度达到 31% 以上。这意味着我国不但已迈入老龄化社会，而且老龄化程度将愈加严重。

总的来看，我国人口老龄化有三个特点：一是老龄人口基数大。目前中国是世界老龄人口最多的国家，60 岁及以上老年人口是亚洲老年人口的 1/2，是世界老年人口总量的 1/5，超过了整个欧洲的老年人口总量。二是进入人口老龄化的时间晚，但速度快。欧洲国家的人口老龄化经过了一个较为长期的历史过程，而我国从 1980 年到 1999 年，用了不到 20 年的时间就完成了人口年龄

结构从成年型向老年型的转变。不仅如此,我国老年人口数量还在以较快的速度持续增长。三是老龄化超前于社会经济发展水平,"未富先老"、"边富边老"特点突出。与世界其他已经进入老龄化社会的发达国家相比,我国的经济发展水平不仅跟不上老龄化的进程,而且与其他国家差距极大,属于"未富先老"。一些发达国家在1900年左右进入人口老龄化社会时,人均GDP均已超过了2500美元。而我国2000年刚进入老龄化社会时人均国内生产总值才达856美元,2009年也仅为2440美元,也就是说,我国进入人口老龄化接近10年后,人均GDP才勉强达到发达国家刚步入人口老龄化社会时的水平。经过10年的累积发展,当前我国国内生产总值已跃居世界第二,人均国内生产总值也达到4283美元(根据国际货币基金组织公布数据),与发达国家刚进入老龄化社会时差距已不大,进入"边富边老"的新时期。

二、我国人口老龄化对经济社会发展的影响

(一)人口老龄化带来劳动力供给的相对不足

研究数据表明,目前我国经济增长的1/4左右得益于人口红利,充足的劳动力供应、廉价的劳动力成本对我国经济建设发挥了巨大作用。随着我国人口迅速老龄化,已经明显出现了劳动力人口比重下降的趋势,有些地方甚至出现劳动力相对短缺的现象。人口老龄化降低了劳动力供给量,生产性人口比例下降,消费性人口比例上升,社会抚养比不断提高,劳动力的负担和成本加大,人口红利将渐行渐远。劳动力供给的变化会在一定程度上削弱经济竞争力,降低经济发展活力,并影响到经济可持续增长的后劲。

(二)人口老龄化对社会保障体系带来严峻挑战

随着人口老龄化的加快发展,60岁及以上老年人口绝对量将不断增长,占总人口的比重也将逐年提高,15～59岁劳动适龄人口占总人口的比重将不断下降。这必将导致有享受养老保险需求的离退休人员不断增加,且享有基本养老和医疗保险待遇的离退休人员与参保职工的比率不断提高。老年人口数的增加对养老保障提出了刚性需求,而劳动适龄人口的减少又降低了养老金的供给,这对养老保障事业带来严峻的挑战。当前,对社会保障的财政投入资金还不够多,社会保障制度不健全,造成社会保障覆盖面和保障水平滞后于经济社会的发展,不能完全适应广大群众的现实需要和人口老龄化的形势。

（三）人口老龄化改变消费结构

由于老年人的消费需求与其他年龄层明显不同，有的消费结构渐渐发生改变。例如日常生活产品，老年人的需求和其他年龄层就不同，特别是专门的老年生活用品更是针对老年人这一消费群体。此外，老年人有更多的医疗保健、家庭服务、心理咨询、休闲旅游等服务消费需求，身体状况不佳的老年人则需要生活照料、护理康复、生命关怀等一系列服务。

（四）老年人照料成为社会问题

随着人口老龄化的加深，老年人照料问题已不单是家庭问题，而成为社会问题。随着第一代独生子女进入婚育年龄，"四二一"（即四个老人，一对夫妻，一个孩子）家庭模式已非常普遍，由于年青一代工作、生活压力普遍较大，对老人无暇照顾；以及由于人口流动、外出工作增多等原因，子女和老年人不在一地居住等，无论在农村还是城市，空巢老人家庭都迅速增加。这些都大大削弱了家庭照料老人的功能，需要社会的支持。

三、欧洲在应对人口老龄化问题上采取的措施和对策

欧洲是世界上最早进入人口老龄化的地区。1851年，法国60岁及以上老年人口比重已达到10.1%，1871年，65岁及以上老年人口所占比重已达到7.4%，使法国成为世界上第一个进入老龄化的国家。19世纪以来，欧洲国家便陆续进入老龄化社会，近年来老龄化形势不断加剧，对欧洲社会产生全方位的影响，对经济的影响尤为深远，造成社会保障制度压力巨大、劳动力供给不足、经济增长缓慢等。较早进入老龄化社会的欧洲在应对老龄化的政策实践上独具匠心，目前绝大多数欧洲公民能够以一种积极的心态和参与的方式更好地融入老龄化社会。

（一）实行灵活的退休制度

在人口老龄化的压力下，欧洲国家开始实行灵活的退休制度。例如，德国从1972年起就已实行弹性退休年龄制度，凡年满63岁的男性，可自行决定是继续工作还是退休，并且引入"部分退休选择权"，鼓励退休者参加半日制等部分时间工作。英国把最高工作年龄从目前的65岁延长到70岁，并禁止雇主强迫雇员在70岁之前退休。在瑞典，男女退休年龄均为65岁。自2005年以来，芬兰建立激励机制鼓励延迟退休，把法定退休年龄确定为63～68岁。荷

兰取消了早退休的福利待遇，西班牙降低了早退休的年养老金支出。这些措施改变了以往对退休年龄的硬性规定，有效降低了养老基金的支付压力。

（二）促进老龄人口就业

欧洲国家实行了一系列积极的措施来促进老年人就业。例如，为了消除对老龄工人的歧视，荷兰专门成立了反年龄歧视局，并颁布法律明文规定：如果不是存在客观差异，禁止任何形式的年龄歧视。芬兰出台"国家老龄工人计划"，从20世纪80年代开始，由政府发出"劳动人口工作45年"的号召，并积极推动延长工作年限方面的立法，推广弹性工作制等，取得了较好的效果。1998—2002年间，老年人就业率逐步上升，55～64岁年龄段人口继续工作的比例达到了60%以上。由于政府的积极推动，芬兰40%的企业积极录用高龄员工并改善其工作条件。法国对工作到65岁或65岁以上的老年人增加了40%的养老金。瑞典规定61岁后每多工作一年，就多增加养老金，当工作到70岁退休时，养老金就会增加52%。经济上的激励，调动了老龄人口延长工作生涯的积极性。

（三）优化老年群体的生活质量

一是关注老年群体，满足其生活和情感需求。老年人作为一个特殊群体，需要受到社会的广泛关注。随着老龄化的加深，"空巢老人"、"高龄老人"等现象越来越普遍，老年人会产生强烈的孤独感，其生活服务和养老方式迫切需要社会关注。老年人的健康问题是欧洲国家关注的重点，通过提供技术服务、改善基础设施等措施改善老年人的生活环境，使他们过上健康的生活。二是促使老年人融入社会，发挥余热。老年人从工作岗位上退下来，具有丰富的阅历和经验，仍然是家庭和社会的宝贵资源。德国建立了数百个社区服务中心，老年人在那里从事力所能及的工作，帮助一些无暇顾及家庭的父母照看小孩、辅导作业等。在这一过程中，老年人重新找到了自己的价值，生活更有意义。

四、启示与建议

人口老龄化是全球共同面对的一个严峻课题，由于各国的社会制度、经济发展水平、历史、文化等诸多因素都存在差异，所以执行的政策也有一定的不同，但是，我们可以从欧洲的一些做法中找出可借鉴之处，既要看到人口老龄化带来的机遇与挑战，又要充分考虑老年人口规模带来的影响。要解决好人口老龄化问题，在结合国情的基础上，可以从以下几个方面借鉴欧洲的经验。

（一）改革和完善覆盖城乡的社会保障制度，提高社会保障水平

近年来，我国在社会保障体制建设上不断进行尝试、改革和创新，并发挥了积极的作用。因为这些改革创新主要基于"低水平、广覆盖"的前提，所以对老年人所能提供保障的水平仍然较低，没有充分发挥保障的作用。因此，针对我国老龄人口数量庞大的现状，必须进一步建立和完善以养老保险和医疗保险为主体的社会保障体制，保障老年人的基本生活。要全面实施职工基本养老保险、新型农村社会养老保险和城镇居民社会养老保险试点制度，在把握"总体统一，适度倾斜"的原则条件下，有效缩小城乡之间、地区之间的保障水平差距；并通过各种方式加快社会保障资金的筹措与管理，不断提高城乡社会保障水平。

（二）调整与老龄化进程相适应的退休年龄制度

我国目前法定的退休年龄是男职工年满60周岁，女干部年满55周岁，女工人年满50周岁。对比欧洲国家，我国的退休年龄比较低，但退休年龄制度的调整必须根据我国具体国情来制定，不能采取"一刀切"的方式，要针对不同的群体制定相应的政策。依靠多次渐进的调整，比一步到位要合理，也有利于社会稳定。首先，适当延缓从事教育、科研、医务等专业技术人才的退休年龄，使他们长期积累的专业知识和实践经验得到充分发挥。其次，逐步提高法定退休年龄。从国际比较来看，可以将65岁规定为我国的法定退休年龄，并允许老年工作者在达到法定退休年龄后仍可以继续工作。最后，将男女退休年龄调整一致，体现出社会性别平等的理念。

（三）大力发展老龄产业

到2020年，我国的老龄人口将增加到2.5亿左右。面对这样一个庞大的老年消费群体，以满足老年人需求为主的商品和服务市场必然随之扩大。目前，我国老龄产业发展还较缓慢，未在国民经济中形成一定的产业规模和产业链，有效供给尚不能满足需求。应采取更加积极的措施，鼓励发展养老保健、医疗康复、老年护理、家政服务、老年教育和文化娱乐等，保障老年人的身心健康，丰富老年人的生活。同时，还应该加强针对老龄人口的社会基础设施建设，建立发展老年大学、老年公寓、养老院等。政府应当加强引导，出台更多的优惠扶持政策，支持和鼓励民间资本建设养老运营管理机构、护理机构、养老基地等。

(四) 构建社会化养老服务新格局

动员社会力量加入养老服务，形成"居家养老为主、社区服务为辅、机构养老兜底、社会服务支持"的养老新格局。一方面，传统的家庭养老模式仍会在未来相当长时期占据主导地位，老年照护基本还是依赖个人和家庭。要在全社会弘扬讲"孝道"的中国传统文化，鼓励赡养父母，通过传统意义上的家庭养老，使老年人老有所养，在物质生活和精神生活上得到双重保障。另一方面，应积极主动发挥社区、社会机构组织、企业等主体的作用，和家庭一起承担养老功能。从老人实际需求出发，依托社区提供生活帮助、医疗保健、护理康复、文化娱乐等一系列服务。一般简单的服务项目可以由社区直接提供，专业的服务项目可以向市场统一采购，政府提供部分补助。为方便老年人的需求，既可以上门服务，也可以在老年人康复中心、老年人活动中心等社区机构服务，还可以通过结对帮扶、志愿者定向服务等，使老年人能够"老有所依"、"老有所养"、"老有所乐"，使其尊严、生活质量及幸福生活的权利得到有效保障，共享经济社会发展成果。

参考文献

[1] 刘娜，马永红，郭向荣. 欧洲应对老龄化困境的政策实践与启示 [J]. 西北人口，2011 (1).

[2] 薛凯. 人口老龄化对我国经济社会发展的影响及对策 [J]. 山东商业职业技术学院学报，2012 (1).

[3] 彭万. 基于"六普"数据的我国人口老龄化问题浅析 [J]. 学术探讨，2012 (1).

[4] 张慧敏. 欧洲国家应对老龄化社会危机的经验与启示 [J]. 内蒙古农业大学学报 (社会科学版)，2012 (6).

[5] 刘思敏. 中国人口老龄化现状及其对策分析 [J]. 理论探讨，2011 (12).

第三部分 社会福利与公共服务

芬兰成功的背后

——成功的教育

吴 敏

芬兰是地处北欧的小国，人口只有530多万。过去10年，芬兰有两方面值得骄傲，一是诺基亚手机，二是教育。自从苹果iPhone以横扫千军的姿态面世后，诺基亚的光芒消失了，可是芬兰式教育依然继续引起世界的关注。在知名教育机构培生集团2012年底发布的最新全球教育系统排行榜上，芬兰位列榜首。成功的教育有力地促进了"二战"后芬兰经济的振兴与发展，使芬兰成为当今世界经济竞争力最强的国家之一，连续多年被评为世界上最适宜居住、幸福指数最高、教育最成功的国家。

芬兰教育的成功和芬兰人在20世纪70年代创造了一个正确的梦想有关。无论谁当政，这个梦想都不会改变。《芬兰经验：世界可以从芬兰教育变革学到什么》一书的作者、芬兰教授帕思·萨尔博格说："过去40年，芬兰幸运的是有着持续性的教育发展，不受政府更迭影响，不像其他国家，换了政府，换了总统，就什么都换了。我们的教育理想，自三四十年前建立后，就像一个共同追求的美梦，大家都有了共识，不论什么政党上台，都不会改变它。"

坚持着当年的梦想，芬兰教育严格遵循着以下几个原则。

一、市场导向的教育政策

过去，芬兰在政治上实行中央集权制，教育亦不例外。随着全球市场经济的不断发展，各国之间的竞争不断加剧，中央集权的计划行政管理体制无法适应瞬息万变的市场需求。同时，受经济危机的影响，芬兰经济出现了萧条停滞现象，而公共部门的开支和官僚机构仍在增加。在此情况下，芬兰人民开始要求原来由公共部门提供的服务私有化。从1987年开始，芬兰引入了基于市场理念的改革新模式，教育改革是整个社会改革的一部分。

通过这种市场化的改革，教育规划的重点由教育部及其代理机构转移到市和学校一级。同时，中央集权的教育行政管理也进行了削减和改革，各项活动根据其结果以及对效力和效率的持续评估进行管理。改革之后，国家议会负责制定教育方面的法律及教育政策的总体原则；政府、教育部和芬兰国家教育董事会负责中央行政管理层面的政策实施；除教育部外，另有一些部委负责各自领域内的教育培训，例如，社会事务与健康部负责日托管理，国防部负责军事培训，国内事务部负责警察、边防和消防员的培训；教育部以下，有国家机构负责教育的发展，亦有专家团体负责制定教育目标、内容、教育基本方式、职业教育、成人教育等；地级政府根据总体原则负责本地区的学前教育、基础教育和职业培训等。

中央政府制定的教育纲领旨在提供基本原则，各地方政府可自行制定适合地方需求的施教原则，各级学校更是有很大的自治弹性，能决定各校教学的重点方向。大多数学校有董事会，由家长、教师、学生和社会成员组成。校长任秘书，与大家共同讨论课程安排、与当地社团合作等问题。

二、"平等"理念贯穿整个教育体系

"平等、品质、公平"是芬兰教育中不断强调的。他们认为，人人都应被赋予相同的机会。2004年《芬兰教育部发展计划》中提到："每一个人都拥有根据自己的能力和特殊需要接受教育的平等权利，而不管他们的经济情况如何。公共当局有责任确保每一个人拥有接受高标准的教育和培训的机会，不管他们的年龄、居住地、语言和经济状况如何。"芬兰15岁以下人口逐年减少，将资源导入需要辅导的小孩身上，可以创造最大的国家利益。芬兰人说："我们承担不起放弃任何一个人。"

芬兰政府规定，义务教育阶段的学生就近入学，地方政府有责任确保本行政辖区内的所有适龄儿童（7～16岁）接受免费的基础教育。这里的免费包括学费、课本、教学资料、学校交通和学校用餐。但学生享有择校的自由，也就是说，如果学生所在行政区域以外的学校有空缺，学生可以选择到那个学校去上学。择校机制给居住在不同地区的学生提供了均等、高质量的教育机会，而平等的教育使学生素质整齐。

芬兰法律规定，学生在六年级之前，都不能以等级或分数来评断他们。教师只有通过种种活动来了解学生，发掘他们的潜力，然后通过文字描述来详细说明，而不是简单地用分数或等级来评判。20世纪70年代以前，芬兰学校和许多国家一样，学生10岁时，就按考试成绩分班，一种是普通班，一种是职业教育班，分班决定了学童的未来；小学生用等级互相比对，立刻知道自己哪方面不及人或者比人强。这种比较严重影响了学生的发展。为了在瞬息万变的世界经济体系中立足,芬兰彻底检讨了教育制度,废除了等级,也废除标准化的校内和校外统一考试。没有考试的学习生涯让教师和学生有更多时间学习他们爱学、想学的东西。老师绝不因为考试而教课,学生也绝不因为考试而学习,学校成为一个百分百快乐学习的场所。

芬兰政府还特别强调每个教师都有义务和责任教育好不同类型的学生。所有学生,不管他们的年龄、性别、语言、居住地、经济地位如何,都有寻求特殊教育辅助的权利。特殊教育与正常课程相辅相成,有效地提高了在特定科目上处于弱势的学生的能力。即使是有学习障碍的学生,通常也可以紧密融入正常的教育学习中。全国只有约2%的学生需要到特殊教育机构上学。

最能展现教育平等价值的,是芬兰政府对移民子女一视同仁的态度。不论是否有芬兰国籍,移民子女都能免费上学,政府还额外拨预算让他们学习母语,每周上两堂,为期4年。一位住在首都近郊的台湾妈妈就说,学校原本聘请一位大陆教师教她两个小孩中文,但她坚持要让小孩学繁体字,地方政府同意她自己找台湾老师来教,老师的钟点费和交通费由政府支付。

三、高素质高地位的教师文化

(一)吸引、培养优秀人员从教

在芬兰,教师专业被视为社会上最重要的专业之一。据芬兰第一大报《赫尔辛基邮报》调查,芬兰年轻人最向往的职业就是当教师。芬兰教授萨尔博格曾在美国曼哈顿一所高中教室中提问:"你们中有谁想当老师?"全班15人只有2人举手,其中一个还有些勉强。"在我们国家,会有25%的人举手",萨尔贝格博士说,"而且举手的人更有热情。"萨尔贝格认为,高素质高地位的教师是芬兰教育成功的关键。

芬兰的教师普遍认同教育事业,他们深信,师资即国力,教师愈好,国家就愈强大。很多教师从事这份工作并非为了钱,而是真的相信这份工作对芬兰很重要。在赫尔辛基大学,2011年共有2400人竞争120个定向培养教师的硕士班名额,考师范要比考法律或医学困难得多。2008年,芬兰教师(96%加入工会)的起薪约为每年2万~9万美元。

芬兰对教师的学历要求很高,教育法规定,小学教师需要3年本科学习和2年硕士学习,期间每年都有为期几个月的教学实习,教育教学理论在5年学习中都有所渗透。中学教师则需要5年的专业学习和1年的教师培训,并通过教师资格考试,才能申请高中教师职位。大学里专门培养小学教师的学系平均录取率只有10%,被录取的未来教师都是表现最优异的一群,具有很强的专业知识和教学能力,具备多种才能以及强烈的教育使命感,对学生认真负责。

(二)注重教师的教育发展

近年来,芬兰教师教育上出现了以研究为导向,以围绕国家基础核心课程的教学为中心,不断进行国家和国际级的教师教育评估等特点。为不断提高教师专业素质和更新知识,各大学教育机构鼓励教师开展积极的自主学习和研究,并为教师提供终生培训。在基础教育改革中也特别强调教师主动学习,教师不再是知识的权威,而是学生自主学习的指引者。芬兰教师每天上课约4小时,每周花2小时用于专业发展(带薪)。

(三)赋予教师教学的自由

无论是左派还是右派执政,芬兰政府都将教育视为为全体公民提供的重要公共服务,并一直坚信,只有当国民普遍接受了良好的教育,芬兰才会在世界经济竞争中取胜。可持续的教育领导使芬兰学校和教师能够集中精力改进教学。

芬兰的教师拥有根据其自身需要发展教学知识与技能的专业自由。1992年,芬兰废除了教科书检查制度,教师可以自由选择教科书。1994年,芬兰修订国家课程,削减了规定内容的90%,大幅度扩大学校及教师的教育教学自主权。教师几乎可以全权决定教材的使用、教法的选择、学生的评定、课程计划等。只要有利于促进学生的学习,各种教学创新都受到欢迎,他们不需要在意学年考试或检测。芬兰教师的压力来自于必须不断地、自主地探索教育教学方法,也就是其作为独立的教育专家的职责。

四、发展终身学习的举措

欧盟教育白皮书提出:"终身学习是成长、竞争、就业的需要,教育与训练深深影响国家竞争力和就业能力,教育的终极目标,是在帮助人民独立自主拥有就业能力。"

终身学习思想于20世纪60年代末传入芬兰。基于第十五届联合国教科文组织教育大会上由郎格朗等人提出的终身教育思想,芬兰各界开始对终身学习政策进行探讨。芬兰政府极其重视终身教育,强调终身学习是每个人适应快速变化社会、获取信息化时代所需的知识和技能之需要。如今,终身学习的理念已深入人心。

以市场为导向的教育政策已经对各级各类教育产生了影响，但受其影响最大的应该是成人教育。长期以来，成人教育的发展部分是由市场驱动的，并且根据市场需求发挥其作用。在芬兰，成人教育机构担负着极其重要的作用。虽然成人学习的主要部分发生在成人教育部门之外，如在工作单位、家里、与兴趣相关的地方等（非正式和偶然的学习），但是成人教育机构的系统学习仍具有重要作用。通过各种课程的学习，成人可以掌握基本的知识结构，学会自我定位，并获得帮助他们分析问题和处理问题以及指导他们在其他地方进行日常学习的工具。

1996 年，芬兰政府设立了一个教育委员会，负责专门制定一项国家终身学习发展策略。该委员会于 1997 年秋发表了题为《学习的乐趣》（*The Joy of Learning*）的报告，指出了学习的根本目标：支持个人的个性发展；强化民主的价值观；维护积极的社区和社会团结；为国际主义的发展努力工作；进一步提高创新能力、生产力和国家竞争力。在其发展策略上，委员会认为增加选择和激发动机是根本的，国家尤其需要帮助那些由于生活经历和范围受到限制而没能意识到学习的有用性、丧失了学习机会的人重新参与学习。芬兰为发展终身学习而采取的举措主要包括以下几个方面。

（一）从法律上确立终身学习的地位

在芬兰，终身学习已成为所有公民的一项基本权利。芬兰 1993 年修订的《宪法》第十三条明确指出："公立当局必须保证根据公民的技能发展和特殊需要，提供给他们除了基础教育之外其他类型的教育，并赋予他们自我完善的权利，不能因缺乏教育手段而阻碍其发展。"

（二）加强对企业员工的再教育

在职教育传统上往往是指对高级行政人员和办公人员实施的教育。20 世纪 90 年代以来，不同群体的受教育机会都有所增加，企业也极为重视对蓝领工人的培训，1998 年芬兰工业雇主提交了一份题目为《学习——终身持续的过程：工业的终身学习观》的报告，指出企业要维护职工终身学习的权利，注重人力资本的投资，确保个人的专业发展，从而维持企业的国际竞争力和经济成就。员工的培训与发展对于任何想参与激烈竞争的企业来说都是必不可少的。在芬兰，企业承担员工培训近 50% 的经费。

（三）积极发展开放大学

20 世纪 70 年代，芬兰设立了开放大学，其中的一个主要目标便是促进社会成员在教育和文化上的平等。开放大学是一个开放的教育体系,是一个合作的网络,所有感兴趣的个人或团体,不管受教育的程度如何,都可进入开放大学学习。开放性具体表现为:①时空的开放。面授是开放大学传统的教学模式,但近10年兴起的远程教育使学习不再受到时空的限制。②生源的开放。不管社会背景如何,只要愿意都可入学。③教与学的开放。依靠先进的科学技术辅助学习。④教育目标的开放。不同的学生有不同的教学目标,有些是为职业发展,有些则是为学历,有的则纯粹是通才教育。

芬兰开放大学教育体系由大学、夏季大学、成人教育中心、职业学校、国民高中和芬兰广播公司等构成。大学在其中起着极其重要的作用,它们不但肩负着开放大学的教学工作,而且开放大学的发展计划、合作及教师的聘用都由其负责。开放大学实行全方位开放办学,满足了社会全体成员不同年龄、不同文化基础、不同职业类别的需要,促进了教育平等。可以说,开放大学的设立有效地扩大了芬兰人终身学习的机会。

(四) 改革成人职业教育中心和成人教育中心

在芬兰,成人职业教育中心主要提供成人的职业学习课程和就业培训,成人教育中心主要负责提供普通教育和闲暇教育。

成人职业教育中心过去主要负责就业培训。20世纪80年代末引入市场竞争机制后,中心开始参与其他职业学校的竞争,目的是在进行就业培训的同时进一步扩大中心的教育供给,增加教育机会,提供成人的职业学习课程。尽管如此,就业培训仍是成人职业教育中心的主要任务,它提供了约80%～90%的就业培训。在资金来源上,职业学习课程由国家和市政当局联合资助,就业培训则全部由政府出资。

过去的就业培训主要是帮人们找工作,如今它更多地被用来"储存"失业劳动力。这对承诺要把目前的高失业率降低一半的芬兰政府来说有着重要意义。由于这个原因,即使接受培训的人不一定都能找到工作,政府仍继续增加对成人的就业培训。1997年政府决定,25岁以下的年轻人若没有受过职业教育将不能再获得劳动力市场的救济,但政府将指导他们进行职业学习和工作实践,这实际上意味着对没有工作的年轻人的义务教育将延长到25岁。

芬兰成功的背后,是其成功的教育。教育改变命运,这是不变的真理。依然引用《芬兰经验:世界可以从芬兰教育变革学到什么》中的两句话:"我们应该倾听芬兰的故事,因为对于那些对公众教育以及教育现状能否改变等问题早就失去信心的人们来说,这个故事带来了新的希望。这本书揭示了改造教育系统是可能的,但需要时间、耐心和决心。"

第三部分　社会福利与公共服务

芬兰基本公共服务对广东的启示

夏义兵

一、引言

公共服务是政府履行职能的重要平台与主要内容。如果从 1834 年英国通过《新济贫法》这一现代公共服务体系的萌芽算起，西方国家公共服务体系建设已经走过了 170 多年的历史。与广大的发展中国家相比，西方国家的公共服务无论是在制度构建还是实施方案方面都有着更为丰富的经验。芬兰作为北欧典型的福利国家，在其福利制度基础之上建立起来的公共服务体制对于广东省进一步完善公共服务体系有着重要的启发作用。在转变政府职能、建设服务型政府的大背景下，公共服务作为与国民生活联系最为密切的一项工作，必须充分发挥其应有的作用，不断保障改善民生，适应新的社会需求，切实保障人民群众的利益。它包含了公共服务体系、公共服务组织机构等方面的内容，每一方面的缺失都会导致公共服务质量的下降。

二、芬兰基本公共服务体系的主要构成

现在芬兰基本公共服务体系的形成并不是一蹴而就的，而是在 20 世纪 30 年代世界经济大危机、第二次世界大战、20 世纪 70 年代经济"滞胀"这些重大危机下推进的。每一次重大危机都成了公共服务改革的契机，推动了公共服务体系的完善。公共服务体系主要包括了公共教育服务体系、医疗保障与养老保障体系等社会保障、公共住房保障、社会公共服务设施、公共就业服务等。

（一）积极有效的教育服务体系

21 世纪世界各国的竞争是综合国力的较量，其实质是经济和科技的竞争，关键在于高科技人才的竞争。人才是国家社会和经济发展最重要的战略资源，成为各国资源抢夺战的重要一环。教育作为人才培养的基础性事业，其重要性

不言而喻。芬兰政府积极提供优质高效的公共教育，促进人力资源的有效开发。为保持其卓越的国际竞争力，芬兰政府在人力资源的教育培训方面实行了一系列优惠政策。例如，每个公民从小学到初中阶段实行学费、生活费全免，从高中到博士阶段免学费。此外，芬兰还有高水平的职业技能教育。得益于芬兰悠久的工业历史和完备的社会保障体系，芬兰人并不过分地推崇高等教育，因此职业技能教育在当地得到了充分发展。政府在推动职业教育方面也保持着清醒的认识，重视实践在教学过程中的作用，竭力推动企业与学校的合作。这个科学、完善的教育体系充分吸收了公共需求的信息，其反馈也有效促进了社会资源的合理配置，避免资源的浪费。另外，政府还提供了高品质的人事服务业资格认证、就业指导、人力资源管理咨询作为教育辅助措施，开发潜在的人力资源。

（二）完善的社会保障服务体系

社会保障体系对国家经济发展和社会稳定具有极其重要的作用。作为举世闻名的福利国家，芬兰有着最为全面的社会保障体系，保障范围从生到死，不仅包括生育、失业、医疗、养老、收入补助等基本保险，还注重人的健康福利及生活环境的优化，提供全方位的社会保障。

1. 完善的医疗保障

医疗保障既关系到人民生命健康的根本福祉，又对增加消费预期，扩大内需，加快转变经济发展方式，促进产业转型升级有着极其重要的作用。芬兰的医疗保障体系向所有居民敞开，医疗保险承担了病人大部分治疗费和医药费，提供基本的医疗保障。重病、长期患病者、工伤和职业病患者，享受医疗保险的份额更多一些，甚至全部。此外还设有健康保险，根据伤病者的误工损失予以一定比例的补偿。与我国的医疗体系相比，芬兰的优势主要在于它完备的医疗公共设施及数量庞大的医疗队伍。

2. 完善的养老保障

养老保障在社会保障体系中具有举足轻重的地位，它甚至影响一个社会的经济模式、国民的消费观。只有建立科学的养老保障体系，才能够解除人们的后顾之忧，带动消费进而促进经济持续健康发展和社会秩序的安定。

芬兰有两个养老保险：国民养老保险和就业养老保险。国民养老保险对居民提供最低收入保障，参保者只限于没有工作或低收入的人。而就业养老保险则与个人的收入有关，它不仅涵盖了公共和私人的收入领域，而且还涉及自雇用（在我国这主要是指农民和个体户）这一特殊劳动关系。因此可以说芬兰的养老保险管辖了几乎所有类别的劳动关系。就业养老保险所能领取的养老金的数量取决于可领退休金的收入的数量以及工作年限。工作年限可以包括劳动者在外国的工作年限，但不包括23岁之前的任何工作经历。可领取退休金的收入取决于过去10年间在每一种工作岗位上的基本工资。这两种养老保险体系都包括了为应付可能的意外情况的退休福利。具体包括晚年/早期养老金、无劳动能力养老金/康复津贴、个别提前退休养老金（1944年前出生人员）和失业养老金（1950年前出生人员）。无劳动能力养老金是指对无能力工作人员的补偿，是为了保障其日常生活的需要，并不是作为其丧失劳动力的补偿金。在芬兰，失业养老金的领取人员为1950年以前出生且失业很长时间的人员。

3. 完善的失业保障

失业保障的产生有其特殊的历史背景，它是20世纪30年代世界性经济危机中资本家对底层劳动者所作出的妥协，其根本目的是为了缓和阶级矛盾，稳定社会秩序。时至今日它仍然发挥着巨大的作用，能够有效地预防犯罪，缓解社会矛盾，保证社会的安定团结。

芬兰失业金的来源渠道主要有两个：一是政府财政拨款；二是工会组织发放，工会等组织的资金来源于雇主和个人所缴纳的失业基金（相当于我国的失业保险）。雇主必须缴纳相应的基金，而个人则不受此限。无论个人是否缴纳相应的基金，工会都必须向个人发放相应的失业救济金。救济金的数额大约为个人总收入水平的45%左右。这是一个较为客观的数字。为了避免养"懒人"，芬兰规定每个人一次失业天数为500天，超过500天则只享受劳动力市场援助，额度与给个人创业的补助差不多，即每天23.40欧元。但因为劳动力市场援助设立时只规定了福利享受者的条件，而没有明确规定享受这一福利的年限，这一漏洞被一些有心人利用，目前已经有人持续地领取这一救助金。鉴于现状，有议员提议修改相应的政策，但目前的做法是要求每一个失业者参加劳动培训，否则就停止领取失业补助。这也是芬兰高福利与高就业率并存的原因所在。

4. 其他的社会保障措施

有效的预防已成为社保政策的一个重要组成部分。预防性社会政策主要包括对公民身体健康的预防以及对环境质量的监控。推出预防性社会政策，如控制饮酒、吸烟措施等，是为了防止一些危险事项的发生。芬兰对于饮酒和吸烟的管制尤为严厉，加重了销售者和营运者的法律责任，切实保障公民的身心健康。在提高每个人健康水平的同时，相应减少社保支出。出于同一目的，芬兰政府更为关注劳动者的健康状况，在职业病医疗和安全保健中，精神伤害与身体伤害处于同一阶位。为了减轻社保压力，芬兰政府在对失业者进行劳动培训的同时注重对劳动者的思想教育。倡导劳动是美德的观念，积极营造平等和睦的工作环境，在收入保障中引进工作激励机制，以此来激发劳动者的劳动热情。

(三) 日臻完善的公共住房保障体系

住房作为基本的生活资料，关系着广大群众的基本生活需要。安居而后才能乐业，只有满足了群众的这一需求，才能保障经济建设的平稳运行。由于住房的社会保障性质，芬兰的住房供应体系主要分为两个部分：市场商品化交易部分和政府保障部分。为了解决低收入者的住房问题，芬兰的做法是建设大批公共住房，以政府补贴的方式廉价出租或出售，以降低低收入群体的生活支出。

(四) 完备的社会公共服务设施

发达国家在社会公共服务设施方面投入较大，已建立完善而广泛的公共服务网络，覆盖了居民生活的各方面，包括便捷的内外交通系统、完善的水电气热供应系统、现代化的信息网络系统、以污水与垃圾处理为中心的环保环节系统、优美舒适的生态环境系统、防灾减灾系统、公共文化体育设施系统等等。芬兰的公共服务经过百年的发展，已经不仅仅停留在设施的更新或技术的革新方面，更为重要的是工作人员的服务意识及丰富的实践经验。

三、芬兰基本公共服务体系的运行架构

纵向来看，芬兰是三级政府机构机制：中央政府、省级政府和城市政府。中央政府负责全国社会福利和社会服务方面的法规建设和发展规划，制定涉及社会公共安全、职业健康和预防性、应急性社会政策和措施，也有一部分中央财政资金用于平衡地区差别。省级政府负责国家福利和社会服务政策方针在本地区范围内落实的细则和补充，并负责医疗保健等具体项目。城市政府则主要负责社会福利政策的贯彻和落实。绝大多数市政府管辖的居民总数不到一万，对于投资过大的服务项目，市政府可以寻求与私人机构的合作。各级政府都有其明确的税收来源以确保福利政策的实施，为保证市政府工作的实施，中央政府经常会给予一定的资金支持。

横向来看，劳工部和社会福利部作为中央政府的下设部门，是最为重要的社会公共服务机构，主要负责全国的劳动和社会保障工作。它们各自有一定的下属机构来辅助其公共服务政策的施行。政府负有向公民提供公共服务的义务，但这并不意味着政府所提供的服务是免费的，使用者对于某些服务也要缴

第三部分 社会福利与公共服务

纳一定的费用。而且，公共服务只是基础性的存在，必须有一定的私人服务来补充其没有触及的领域。

培训机构在芬兰的社会保障系统中是不可或缺的一个环节。其本身并不属于社会保障系统，但芬兰的各项社保政策中都可以看到它的身影。芬兰坚持生活培训与就业培训相结合的政策，培训强化了在职人员的工作能力，同时也可以帮助失业人员更快地寻找到新的工作，这不仅有利于社会的稳定、提高就业率，而且降低了政府的财政负担。与此同时也促进了一大部分老年劳动者重回工作岗位，一定程度上缓解了人口老龄化和劳动力不足所带来的社会压力。

公共服务机构服务的质量在很大程度上取决于人员的素质及工作能力。公职人员队伍的素质与严格考核和管理有直接关系，因此要严格把关，做好人员的选拔和管理工作。芬兰的公职人员占到了工作人口的25％左右，对公职人员管理考核的主要方法是：①入口选任。对公务员和公共机构工作人员的选任有严格的条件和标准，对具有监督职能的行政机关或司法机关的官员选任尤为严格。②管理监控。遵循现代管理原则健全管理，重要职位进行岗位轮换，严格控制公务员的兼职行为。③考核评估。每年对公职人员的工作能力、个人素质、管理水平和廉政情况进行考评。

四、芬兰社会公共服务存在的问题

芬兰的高福利制度无疑是令人艳羡的。制度本身设计得比较完善，但在施行过程中还是遇到了一些问题。在芬兰的学习过程中这一点也有所显示。

（一）企业生产竞争力下降

芬兰是高税收支撑下的高福利国家，其公共服务资金主要来自三个方面：财政预算拨款、雇主缴费和雇员缴费。财政预算的收入主要来自于税收收入。一项资料显示，芬兰2001年的税收收入占国民生产总值的46％，比欧盟国家平均高4个百分点。高税收给企业带来了巨大的经济压力，增加了生产成本，长此以往，将不利于芬兰产品的海外竞争和本土产业的生存。

（二）缺乏有效的激励机制

高福利制度并没有带来相应的工作热情。由于制度设置得太过全面，几乎包揽了居民从生到死的所有事项，芬兰的福利制度最容易造就"懒汉"。税收在工薪者的工资收入中占据了相当大的一个份额，在职者与失业者的生活水平并没有产生相应的差距,工作也就失去了其存在的意义,抑制了人们的工作热情。据了解,2001年芬兰征收的所得税以及雇主缴纳的社会保险基金,高达工薪阶层工作所得的44.2%。因此,在芬兰经常可以发现常年依靠失业救助金生活的年轻人,甚至有专门的书籍讲述如何从工作人员手中骗取社保补助金。

(三) 财政负担过重

财政预算拨款是芬兰公共服务资金的主要来源。高福利带来的是财政的巨大压力,芬兰的资料表明,整个20世纪90年代,社会保障支出占GDP的比重保持在25%~30%之间。近几年来,基于民间的呼吁,这一比重稍微有所下降,但仍远高于欧洲其他国家。而且芬兰国内要求改革公共服务的呼声越来越响,芬兰政府所面临的压力也相应地有所增加。

五、给广东的几点启示

在芬兰学习的过程中,笔者真切感受到芬兰这个福利国家在社会公共服务体系及机构能力建设方面取得的成绩以及不足的部分。作为先行者,它的经验在一定程度上能够为广东省社会公共服务的深化改革提供重要启示。

(一) 芬兰经验对我们公共服务改革的正面启示

1. 加快建立"普遍性"的社会公共服务

芬兰的社会公共服务遵循的是"公民权利"和"普遍性"原则。因为政府提供的社会公共服务建立在税收收入的基础之上,所以它应该面向全体公民。而且对于建设有中国特色的社会主义社会的政党来说,公平正义和共同富裕本身就是其内在要求和根本原则,否则就不利于社会的稳定及持续发展,建立和谐社会更无从谈起。因此我们有必要加快建设覆盖全体公民的"普惠性"的社会公共服务体系,运用国家财政、民间力量和市场资源推进各项社会公共福利。

2. 制定各项公共服务标准要循序渐进

芬兰的社会保障体系建立经历了一个逐步完善的过程,许多项目的建立和完善经历了比较长的时间。如芬兰的养老保险制度,自19世纪晚期提出,直到20世纪30年代末才得以通过。养老保险、失业保险都经历了一个从自愿参加、收入调查到义务性和统一体制的长时间过渡。与芬兰相比,我国的经济发展还有很大的差距。因此应该采取"低起点、渐进式"的发展方式,社会公共服务标准的确立要充分考虑我国的基本国情,不能好高骛远,要脚踏实地、逐步推进。

3. 加强服务机构的能力建设

为加强服务机构的能力建设,我们应进一步研究工作人员与服务对象的比率问题,科学界定人员配比问题。同时加大力度对服务机构的工作人员进行培训。教育培训规划要以提高工作人员的基本素质、工作能力和效率为重点,强化培训的基础支撑条件。强化工作人员的服务意识,以期在提供社会公共服务的过程中形成良好的服务氛围。

(二) 芬兰经验对我国公共服务改革的反面启示

1. 社会保障的标准要充分考虑财政的承载能力

目前困扰芬兰及其他北欧国家的主要问题不外乎伴随全方位高福利制度而来的巨大财政压力。与其他发达国家相比,北欧深厚的工业基础为它的高福利制度增加了底气。但即便如此,为数不少的北欧国家仍面临着巨大的财政赤字。相应的,财政赤字必然由高额的税收来补足,并因此降低了人们的工作积极性和本国商品的竞争力。鉴于我国的经济状况和人口压力,更应该充分考虑财政的承载力及其所带来的经济压力。因此,我国的社会保障在现阶段还主要应该着重于满足人民群众的基本生活需求,如果盲目地提高标准,所带来的很可能就是高额税收下的经济萧条和劳动积极性消退。

2. 有效的激励机制

芬兰的公共服务保障了国民从生到死的一切,这是社会进步的一大标志。但当一个社会趋于平均时,总会催生一部分"懒人",他们会逐渐失去进取的动力和决心。在逃避社会责任的同时,他们享受着高额的社会福利和舒适的生活,他们是社会的消极面,在很大程度上会影响其他公民的劳动生产积极性。所以在我国的公共服务改革中,一方面要照顾低收入群众的利益,促进社会的公平;另一方面也要建立有效的激励机制,差别对待不同的社会表现,意在提高劳动者的积极性。社会公平并不意味着所有个体的平均,给予勤奋努力者应得的才能最大限度地实现社会公平,唯有如此,才能真正地兼顾效率与公平。

3. 积极推进服务体系改革和制度更新

公共服务的立足点在于能够真正服务于群众,保障其工作生活需求。这是最为理想的状态,它在很大程度上取决于制度的完善。但制度设计都要针对其特定的历史阶段,并且随着时间的不断推移,制度的更新和调整将是一个永恒的话题。很多制度在设计之初几乎可以说是一种理想状态,但在实施一段时间之后会出现一些无力应付的新生事物,这时候如果不及时调整就可能会面临严重的危机。因此,我们要重视对现有制度实施状况的追踪,形成一个固定的机制来推动改革和创新,否则就可能会与芬兰政府面临同样的压力。

第三部分 社会福利与公共服务

我国与芬兰基础教育现状的比较与思考

郑向群

教育是国之根本,是国家民族未来的希望。我国历史文化悠久,自古就十分重视教育,出现了孔子等一批闻名世界的大教育家。自改革开放以来,国家经济得到高度发展,国民财富状况大大改善。随着社会的不断发展进步,社会阶层出现了一定的贫富差距,教育资源分配和教育公平性问题越来越成为社会关注的焦点。我国教育体制从历史上的开科取士到现在的中考、高考,有几千年的应试传统,应试制度也是目前我国相对合理可行的教育制度,尚无更好的制度可取代。但令人担忧的是,随着社会经济发展,应试制度的弊端在不断地放大。特别是在中小学,为了争取最好的教育资源,为了升学率,教师、父母、孩子都身心疲惫,处于焦虑和迷茫之中。国家虽然不断地推出一些新措施来缓解矛盾,但效果有限。

芬兰位于欧洲北部,1917年12月才独立建国,面积33.8万平方公里,人口530多万,森林湖泊众多,自然环境优美。芬兰通过近百年的发展,经济水平大大超过欧盟平均水平,以高福利国家而闻名世界。芬兰和我国近似,实行九年制义务教育,孩子在7岁左右入学,8月中旬开学,5月底或6月初结课,每学年上课190天,假期较多。学生在学校成绩不排名,没有额外补课,也没有假期作业。在国际经济合作发展组织近10年的"国际学生评估"活动中,芬兰学生的科学、数学、阅读能力一直名列前茅,对比我国现在弊病众多的基础教育,很让人深思。芬兰的基础教育让学生学业负担轻,但培养出来的学生的竞争力却领先于世界,说明芬兰的基础教育制度比较适合孩子的成长发展,有其科学性。我国基础教育目前最大的问题是孩子学业负担太重,没有自我;另外,教育资源不均衡,为了争取教育资源,家长、孩子、老师都不堪重负,升学问题如一座大山压在家长和孩子心头。对比我国和芬兰的基础教育现状,我们发现很多的不同之处,在这里列举几个主要差别,或许能够为我国和芬兰教育现状巨大的反差提供一些思考,并有所借鉴。

一、我国和芬兰基础教育现状差别

（一）考核评比制度差异巨大

考核是评价工作的最直接有效的手段，我国的教育系统对教育状况的评价也是通过各种不同的考核来完成的。学校的教学质量排名、教师的教学情况、学生学习单元考、期中考、期末考等，各种考核考试名目众多。教育考核和其他系统的考核相比有一定的特殊性，教育考核的最终落脚点是学生成绩或升学率，对学校、教师的考核也都会转嫁到学生身上。在各种考核排名的压力下，学生的个人学习成绩早已不只属于学生本人，还关系到学校、教师的荣誉。

在芬兰的基础教育中，法律规定不能以等级或分数来对学生进行分级评断，也绝对没有对学校进行的考核排名。芬兰的教育者认为，孩子还处于成长期，个人差异很大，每个人的能力和表现不同，用标准化的考试来衡量他们是很荒谬的，缺乏科学合理性。同时，片面按成绩分出等级，会让孩子互相比较，并会让孩子之间产生隔阂，不利于合作和团结。教师评判孩子的能力和表现时，要求用文字描述，详细说明，不能简单地使用分数或等级。其实芬兰在20世纪70年代前，小学也是按成绩进行分级教学的，后来通过检讨教育制度，废除了等级，也废除了标准化的校内和校外统一考试。当然，学生在学习期间也不是没有考试，教师会通过形式多样的测验来了解授课效果和孩子的掌握情况，目的是让学生知道从哪里去自我改进，有针对性地进行下一步教学。

芬兰基础教育不但不考核评比学生，对教师也不进行任何考核评比。芬兰十分重视教师队伍的建设，致力于为孩子提供最优质的教育。芬兰教育法规定，所有学前教育、义务教育的教师，都必须具备硕士以上学历，通过教师资格考试，才能申请成为教师。被录取的教师都是具备多种才能，表现优异，愿意为教育作出奉献的优秀人才。在日常教学工作中，学校对教师充分相信，不给学生分等级，也不对教师作任何考核和评比，更没有教师的评鉴报告，因为他们认为对教师进行评比没有任何意义。

芬兰基础教育的理念是，让学生轻松学习、快乐学习，为学生提供创新和创意的空间。芬兰教育不让师生争第一、抢第一，却让世界把他们的教育成果评为了第一。

（二）教育的公平和均衡性差异较大

我国幅员广阔，各地经济发展水平不平衡，教育水平的差距也较大。即使在同一个省，各地区的教育水平也存在很大的差距。由于我国经济还处于发展阶段，政府财力平均水平还达不到芬兰这种发达国家的水平，教育投入相对不足，不同地区之间的教育水平存在差距是正常现象，短时间内也不可能解决。但在同一个地区，甚至是同一个地段，基础教育水平也存在差距。以广州为例，位于东风路的一所小学是广州市民公认的最好的小学，为了让孩子到这所学校就读，家长们使尽各种手段，在读孩子的家庭非富即贵。初中的情况则更为严重，如果孩子派不到较好的学校，家长会花费巨额的择校费，为孩子重新选择学校。在各种考核中排名靠前的学校，会得到更多的教育资源，教师的待遇水平、师资力量、学校的硬件建设都会好于其他学校，且强者恒强。各地的教育主管部门为了政绩需要，也积极支持这些基础好的学校做大做强，推波助澜。在这种体制下，家庭经济条件差的孩子根本没有机会享受同等的教育，外来务工人员的孩子由于受户籍制约，连受教育的权利都无法保障。

芬兰的教育为世人称道，他们认为其成功之处在于教育的无私和公平。在芬兰人看来，每个孩子都是社会的财富，不是父母和家庭的私有财产，孩子健康成长是全国人民的骄傲，孩子落后或表现不好是整个国家的损失。芬兰是一个高福利国家，对教育的投入更加突出，并从法律上予以保障。芬兰教育尊重每一个学生，他们认为国家的发展不能只看精英，人不应该因为职业、地位、金钱而分贵贱。芬兰现在约有60万的中小学生，约有4000所综合学校，学校没有等级大小之分，一般每个班级的学生不超过20人。

如果说芬兰的教育也存在一些照顾和倾斜，则主要是针对学习慢或有学习障碍的学生。由于中小学的孩子还处于生长发育阶段，学生的学习能力存在一些差距，有的学得快，有的会慢一些，部分孩子由于生理或其他原因可能会有学习障碍。当学生出现学习困难时，老师会立即提出矫正计划，对后进学生进行个别辅导，费用由政府承担。对身体有残疾的孩子，学校有专门配备的桌椅，并有专门的助教。对偏远地区交通不便的学生，政府免费提供交通工具。芬兰的教育目标是给孩子一个美好的人生，他们希望对每个孩子因材施教，帮助每个孩子找到适合自己的人生道路，只有学得慢的学生成才了，才能给国家带来最大的利益。

芬兰教育的公平和均衡性还体现在对待移民子女的教育政策上，芬兰政府对移民子女也一视同仁，甚至还特别照顾。移民子女无论是否有芬兰国籍，都免费接受义务教育，政府还额外拨款让他们学习母语；考虑到孩子的成长环境和可能面对的学习困难，移民子女还可以得到额外的教学环境设计、特别的培训教师和语言学习教材，可以尽快融入芬兰社会。

(三) 课外的学习安排和家庭辅助教育差异较大

广州的小学,从一年级开学的第一天起,孩子必须准备一个家庭作业登记本,这本家庭作业本也是教师和家长联系的一个纽带。每天放学后,家长按照作业登记本的内容检查督促孩子完成课后作业,有些作业还需要家长配合一起完成,然后家长要在作业登记本上签名,教师第二天也要检查作业登记本,看孩子的作业登记是否完整,家长是否签名。周末时,绝大多数家长会给孩子选择一些社会上开办的经营性培训班,培训内容涉及语文、数学、英语、艺术、体育等,种类繁多。少部分家长对孩子的期待值较高,孩子的周末时间基本用来参加培训班。到了初中阶段,由于课程难度加大,家长也没有能力再辅助孩子完成作业,孩子大了,也有一定的学习自觉性。为了孩子能考上好的高中,孩子的学习任务进一步加重,课后作业比较多,每天晚上基本要到23:00后才能休息。周末的学习任务也很重,有些学校还有补习课,学生没有多少空余时间。这种现状不仅广州市如此,在全国的大中小城市都基本相同。在上学和放学时间,我们经常看到一个个稚嫩的孩子背着沉重的大书包,有的书包还带有滑轮,像行李箱一样在地上拖行。我国的教育体制让孩子们过早地承受学习压力,作为家长,为了孩子不输在起跑线上,也只能随波逐流,虽心有怜悯,却无能为力。

在芬兰,义务教育期间的学生是快乐的,学时短而假期长,一年上课时间不到190天。小学生每天最多上课5小时,中学生不超过7小时。学生在课后没有家庭作业,课堂上的作业也不多,老师也很少批改作业,学生会自己对照答案本。芬兰孩子的父母从不会送孩子去参加补习,社会上也很少有像我国这样的学习班。芬兰国民有很好的阅读习惯,很多人终生喜欢阅读和学习。芬兰的创新能力能排世界前列,与国民喜欢阅读和学习是分不开的。让孩子从小培养阅读的习惯,让孩子终生热爱阅读,有学习兴趣,是芬兰教育的共识。芬兰的中小学要求学生每天必须有一定的课外阅读时间,不限阅读的内容,也不需要孩子写读后感,不给孩子压力,任由孩子的兴趣发展。芬兰的家长也积极引导孩子阅读,在孩子很小时就读书读报给他们听,稍大时就陪同他们一起阅读,注重培养孩子独立学习和思考的习惯。芬兰全国有近千个公共图书馆,平均5000人就拥有一个,人均占有比居世界首位。图书馆由中央和地方政府联合投资建设,为所有人免费提供借阅服务。各图书馆还可根据读者需求,利用图书馆网络从其他的图书馆借书。各地图书馆主动为义务教育学校服务,每周有流动图书馆免费到偏远的学校服务。芬兰国家完善的图书馆服务体系,保持了芬兰人喜爱阅读的传统,也促进了国民的求知欲望。

二、对我国基础教育现状的思考

世界上大多数国家都将基础教育纳入义务教育范围，正是因为基础教育在国民教育中占据重要地位。从小处说，基础教育会影响人生的发展轨迹；从大处讲，基础教育关系到国家的前途和命运。和芬兰的基础教育情况相比，我国是孩子受苦、教师受累、家长受罪，都很痛苦。教育主管部门对存在的问题也很重视，出台了很多为基础教育减负的政策，但由于没有从根源上解决问题，因此效果有限。借鉴芬兰基础教育的成功经验，我们确实需要反思我国的基础教育存在的问题，并从根本上去解决。

（一）纠正基础教育的畸形现状，解决学校的均衡性发展问题

由于历史的原因，有些学校的条件和师资会好一些。一些经济条件好的家庭会通过各种途径让自己的孩子到这些学校就读。由于教育主管部门的不当引导，择校费等政策应运而生。择校费加剧了学校的差别化发展，改变了教育资源的分配，打破了教育发展的平衡，强者恒强，恶性循环。现在大多数家庭只有一个孩子，孩子是家庭的未来和希望，天下父母都希望自己的孩子能上最好的学校，接受最优质的教育。最好的永远是最少的，正是这种追求最好的心态造成了目前痛苦的现状。我国地域广阔，各地区之间发展不平衡，像芬兰一样做到全国教育均衡也不符合现阶段的国情，但在一个地区或者说在一个城市是完全可以做到的。教育主管部门要有主动纠偏的勇气和决心，打破现有利益格局，让同一地区或同一城市的基础教育学校均衡发展。

（二）让基础教育回归正轨，家长和学校不能急功近利

基础教育应该是素质教育，这一点社会有共识。但由于长期受应试教育的影响，教师和家长对孩子的考试分数还是非常重视和在意的，教育评价体系还是以孩子的成绩为主。正确认识基础教育的作用和方式，不要急功近利，让基础教育返璞归真，需要社会、学校、家庭共同努力。首先，家长要正确看待孩子的前途问题。很多事例证明，孩子能考高分并不能决定孩子的前途，和孩子成年后的事业成败更没有直接关系。每个孩子都有自己的特点，年龄小时差异性还不明显，父母要给他们成长的空间，不要为考分而扼杀了孩子的天性，孩子的知识面和创造力才是他们未来幸福的保障。在这一点上，笔者非常赞赏芬兰家长的做法，他们从不去关心孩子的学习成绩，重点在于培养孩子的好奇心和学习的兴趣，让孩子们在宽松的环境下成长，在快乐中长大。学校在基础教

育期间，要坚决贯彻素质教育的精神，科学设置教学计划和考核指标，着力培养孩子的思维能力和解决问题的能力，提高孩子独立学习的能力，促使其养成良好的学习习惯。要坚决避免为考核或学校荣誉而增加学生的学习压力，学校不应开办补习类的培训班，像奥数这类拔苗助长、完全和素质教育背道而驰的科目应坚决取缔。

（三）要提升我国的基础教育水平，必须大力推进教育改革

国家实行义务教育政策以来，极大地改善了基础教育状况，孩子们都获得了受教育的机会。现在国家经济发展取得了举世瞩目的成就，教育投入也日益增加，但由于教育投入不均衡，各种矛盾也在激化。在偏远的农村和城市的外来工聚居地，辍学和失学的孩子越来越多，从这方面可以说基础教育出现了倒退现象。教育主管部门应认真分析国家的基础教育现状，借鉴吸收国外基础教育的经验，探索建立现代学校制度，推进教育管理体制改革，实行政校分开、管办分离，增强学校的办学自主权，让不同的学校有不同的特色，而不是一律以分数论高低。要积极倡导社会办学，让社会资金投入到教育中来，特别是社会慈善资金。要大力发展民办教育，在基础教育阶段也要有一定数量的民办学校，和公办学校有一定的对比，相互借鉴和促进办学经验，缓解国家义务教育资源的不足。要进一步完善基础教育的升学制度，在一些大城市，小升初基本实现了电脑排位，但仍然存在按考试成绩分批排位，改革不彻底。教师是立教之本，要大力加强教师队伍建设，基础教育阶段的教师对孩子的人格培养和未来发展影响很大，要着力提高教师队伍的专业化水平，积极落实从优待教的各项政策，尊师重教。要把优秀的人才充实到基础教育中来，要留得住人才，让教师有职业优越感，甘愿为教育事业作出毕生的奉献。

中华民族是一个勤劳刻苦的民族，我们用勤劳的双手创造了一个又一个中国奇迹。现代社会信息和科技高度发达，世界发展变化日新月异。我们要取得更大的成就，只有勤劳是远远不够的，我们必须缩小和发达国家在创新发展上的差距，从基础教育入手，深入推进教育改革，培养更多有创造力的人才。

欧盟互联网管理的经验及其对我国的启示

邹卫东

当前，随着互联网的快速发展与普及，互联网已经成为经济发展的重要引擎、社会运行的重要基础设施和国际竞争的重要领域，深刻影响着世界经济、政治、文化的发展。自1994年正式接入国际互联网以来，我国坚持积极利用、大力发展、科学管理的原则，大力推动互联网建设和运用。可以说，中国互联网的发展，极大地促进了中国科技、经济、政治、社会、文化的发展，促进了中国社会文明进步和人民生活水平的提高。2013年1月15日，中国互联网络信息中心（CNNIC）发布的第31次《中国互联网络发展状况统计报告》显示，截至2012年12月底，我国网民规模达到5.64亿，互联网普及率为42.1%，网站总数为268万个。与此同时，互联网发展中出现了网络病毒、网络犯罪、网络侵略、淫秽色情和垃圾信息等一系列危害国家、社会和个人利益的问题。这就要求我们在大力推进互联网建设和应用的同时，要不断提升互联网管理能力，确保社会稳定和国家安全。可喜的是，经过近20年的探索，我国已基本建立了法律规范、行政监管、行业自律、技术保障相结合的管理体系，初步形成了分工负责、齐抓共管的管理格局，初步形成了中央和地方分级管理、指挥比较顺畅、运转比较顺利的两级管理体系。

一、我国互联网管理现状

从政治社会层面来说，互联网的发展和应用常会带来一些难以预料和控制的后果。它既可以完善现实政治，但也在一定程度上对现实政治产生冲击。这种矛盾的消解，还须依赖于政府科学有效的互联网管理手段来调和。

（一）法律约束

我国对互联网管理最基本的思路是让网络空间"有法可依"。从互联网发展初期开始，国家就高度重视对其发展及应用的立法监管。1994年以来，我国先后颁布了一系列与互联网管理相关的法律法规，主要包括《全国人民代表大会常务委员会关于维护互联网安全的决定》、《中华人民共和国电子签名法》、《中华人民共和国电信条例》、《互联网信息服务管理办法》、《中华人民共和国计算机信息系统安全保护条例》、《信息网络传播权保护条例》、《外商投资电信企业管理规定》、《计算机信息网络国际联网安全保护管理办法》、《互联网新闻信息服务管理规定》、《互联网电子公告服务管理规定》等，从网络架构、功能业务和信息内容等多个层面监管互联网应用中的不法行为。

（二）行政监管

政府在互联网管理中发挥主导作用。国家通信管理部门负责互联网行业管理，包括对中国境内互联网域名、IP地址等互联网基础资源的管理。依据《互联网信息服务管理办法》，中国对经营性互联网信息服务实行许可制度，对非经营性互联网信息服务实行备案制度。国家新闻、出版、教育、卫生等部门依据《互联网信息服务管理办法》，对"从事新闻、出版、教育、医疗保健、药品和医疗器械等互联网信息服务"实行许可制度。公安机关等国家执法部门负责互联网安全监督管理，依法查处打击各类网络违法犯罪活动。此外，互联网行政监管机关还会在特定时期针对特定问题进行互联网某种类型的集中整治活动，以清除互联网发展过程中出现的棘手问题。

（三）行业自律

我国互联网特别强调"加强行业自律，引导企业依法经营"。自2001年中国互联网协会成立以来，先后制定并颁布了《中国互联网行业自律公约》、《互联网站禁止传播淫秽色情等不良信息自律规范》、《抵制恶意软件自律公约》、《博客服务自律公约》、《反网络病毒自律公约》、《中国互联网行业版权自律宣言》等一系列自律规范，促进了互联网的健康发展。

（四）公众监督

我国在互联网管理过程中比较重视公众监督的作用。2004年以来，中国先后成立了互联网违法和不良信息举报中心、网络违法犯罪举报网站、12321网络不良与垃圾信息举报受理中心、12390扫黄打非新闻出版版权联合举报中心等公众举报受理机构，并于2010年发布了《举报互联网和手机媒体淫秽色情及低俗信息奖励办法》。同时，大力支持互联网行业组织的工作，为行业组织发挥作用提供服务，并依法保障公众举报网上违法信息和行为的正当权利。

（五）社会教育

在加强互联网管理的同时，我国注重通过社会教育的方式提高全民网络素养：一是开展互联网法制和道德教育工作，鼓励各类媒体和社会组织积极参与，鼓励青年组织、妇女组织等相关组织开展有利于普及互联网知识和正确使用互联网的公益活动。二是推进"母亲教育计划"，帮助家长引导未成年人正确使用互联网。三是推动把互联网法制和道德教育纳入中小学日常教学内容。2010年1月22日，教育部发布《关于加强中小学网络道德教育抵制网络不良信息的通知》，要求各地教育行政部门加强青少年上网管理，安装上网过滤软件，营造有利于未成年人健康成长的网络环境。

（六）技术保障

我国在互联网管理过程中主张"合理运用技术手段遏制互联网上违法信息传播"。主要是通过集中控制互联网的接入阀门，要求基础电信业务经营者、互联网信息服务提供者等建立起互联网安全管理制度，采取技术措施，依据监控、过滤和拦截技术来阻止和净化含有颠覆国家政权，破坏国家统一，损害国家荣誉和利益，煽动民族仇恨，破坏民族团结，宣扬邪教以及淫秽色情、暴力、恐怖及侵害他人合法权益等内容的各类违法信息的传播。同时，逐步推进网络实名制，一些著名网站、论坛、微博已经逐步实行实名登录和留言。

总而言之，近年来我国互联网管理得到不断加强和完善，维护了互联网的健康、和谐发展，但中国互联网仍在快速发展过程中，新情况、新问题不断出现，目前仍存在一些问题和不足之处。

二、我国互联网管理中存在的问题

（一）体制总设计尚存缺陷

2010年，国家将原来20多个部门多头管理的互联网管理体制，改为以外宣、公安、通管三家部门为主，工信、文化、新闻、出版、教育、卫生、工商等部门为辅的管理架构，各自职责更为明晰，但仍存在一些职能交叉、权力冲突和管辖争议，仍会出现追究责任时互相推诿的现象。特别是在互联网信息内容管理方面，由于一些行政部门虽有执法权，但却没有强有力的执法手段，在实际处理问题过程中不可避免地存在这样那样的困难。此外，从管理的方式看，我国目前的互联网监管大多采用以业务准入为主的制度管理模式，重事前、轻事中和事后,这种管理方式不利于激发互联网的市场活力。

(二) 立法仍不完备

我国目前互联网管理立法虽初成体系,但仍凸显一些问题:一是立法明显滞后,缺乏前瞻性;二是结构性缺陷,立法层级较低,内容过于原则性;第三,多头立法,存在冲突现象;第四,重管理轻权利,权利义务不对称,"管制"色彩较重。

(三) 监管理念和能力不适应

现实中,部分监管部门和人员的监管理念和能力还不能完全适应网络环境的需求,专业管理人才严重匮乏。特别是随着互联网的迅猛发展,新技术、新应用层出不穷,但一些监管部门和人员对监管内容仍未形成清楚的认识,没有适应新形势、新任务,没有了解新世情国情,没有跟上新变化,仍沿袭传统的行政管理模式,导致在现实管理中力不从心。

(四) 监管技术手段仍滞后

目前,互联网最新技术和最新业务应用多从国外引进,但却没有同时引进相关管理和监管技术,而是边走边看、边干边想,如此便不可避免地导致监管技术的落后和脱节,从而造成网络管理的真空地带。在出现严重的网络事件后,单一地采取封堵信息、关闭网站等较为极端的手段进行临时应急处理,难免存留后患。

三、欧盟互联网管理现状

近年来,芬兰、法国、德国等欧盟国家虽强调互联网的自由,但依然不断强化对互联网的管理,尤其注重网络安全。其中一些互联网管理做法和经验值得我们学习和借鉴。

欧盟国家对互联网的管理重点包括网络传输监管和网络内容监管。在网络管理方面,欧盟对信息通信网络的监管框架和政策是为了适应融合的趋势而设计的。2002年,欧盟颁布五个统一的指令,即《框架指令》、《授权指令》、《接入与互联指令》、《普遍服务指令》和《隐私与电子通信指令》,适用于所有的通信网络,包括电信、广播和其他信息媒体网络。很明显,该系列指令主要侧重于对传输网络进行监管。

至于对网络内容的监管,由于各成员国文化的差异性和发展阶段的不同,欧盟并没有出台一套统一适用于各成员国的法律框架，而是由成员国根据自身实际情况来操作。实际上，欧盟成员国专门立法对互联网内容进行管制的并不多，只是在通信立法、保护未成年人法律、刑事法律等一般性规定中兼顾对互联网内容的监管。相反，各国为了促进互联网的繁荣发展，更愿意鼓励互联网行业的自律和消费者的自我意识觉醒。欧盟互联网内容监管的具体表现为以下几点。

（一）非法内容和有害内容监管

第一，设立欧盟网络热线和鼓励自律的行为准则来创造安全环境。公众通过热线汇报非法内容，然后由热线网络将相关信息报告各主管部门。目前，欧盟网络热线行动在各成员国已经得到很好的执行，并正在逐步覆盖到欧盟新成员国、成员申请国以及产生非法内容的其他欧洲国家。第二，开发过滤工具和计费工具。欧盟采取技术措施处理有害内容，增强过滤软件和服务的实际效果，确保用户对信息的选择接受权利。第三，发动全社会参与。让父母和所有与未成年人相关的人群合力保护未成年人免受有害信息的侵害，保障他们健康成长。如定期开展媒体教育和互联网扫盲等活动。第四，开展支撑性活动，包括评估法律影响、与其他相似的国际活动进行协调、评估这些措施的实施效果等等。第五，加强国际合作。欧盟与国际相关机构紧密联系，在保护未成年人、维护人类尊严、有关信息社会的全球峰会的行动计划以及其他行动方面采取联合行动。

（二）垃圾邮件管理

欧盟目前没有针对"垃圾邮件"专门立法，但在互联网安全行动中，还是将对付垃圾邮件作为重要内容之一。其主要措施有：第一，从技术上开发过滤工具和计费工具，并要求运营商采取措施，阻止垃圾邮件的发送；第二，采用"选择进入"原则，赋予最终用户选择权，只有通过用户许可，垃圾邮件才可以到达用户；第三，通过立法建议的形式提出通过电子邮件等多种方式建立投诉机制，并要求成员国就投诉机制的问题开展跨国合作。

（三）个人隐私和数据保护

欧盟出台了《隐私和数据保护指令》，要求成员国必须通过国内立法保证通信的保密性，以及公众通信网和电子通信业务的相关话务量数据的保密性。在没有得到有关用户同意的情况下，成员国必须禁止除用户以外的人收听、窃听、存储，或者以其他方式截接或监听通信和相关话务量数据。在对互联网内容监视时必须遵循以下原则：第一，只有经授权的警察为防止严重犯罪的需要才允许对网站内容进行监控；第二，监控互联网的手段跟其他人上网的方式应该一样；第三，监控对象是非法和有害的内容，如与儿童相关的色情内容；第四，民间组织也可以对互联网内容进行监控，但他们必须出于为警察和检察官提供犯罪信息和举报的目的。

（四）行业自律

欧盟于2004年建立"安全互联网论坛"，吸引了包括企业代表、法律强制机构、决策者以及用户群体代表在内的各界关注和参加，为各方提供了一个经验交流和借鉴以及共谋对策的平台。

四、欧盟互联网管理经验的启示

互联网管理是世界各国政府共同面临的问题，通过对我国互联网管理现状的分析，对比欧盟互联网管理做法，可以发现芬兰等欧盟国家的互联网管理与我国有较多异同，其中的一些做法可为我们提供有益的启迪。

（一）网络和内容分开管理

欧盟实行网络和内容分开管理，即网络和内容依据不同的法律，由各自独立的机构实施管理，网络管理机构和内容管制机构之间分工配合。

虽然我国目前互联网的管理部门相对集中，但仍涵盖多个职能部门，各职能部门从各自工作实际出发，在管理过程中仍有交叉、冲突，多头管理的弊端无法消除，不利于互联网监管的顺利进行。

也可考虑借鉴欧盟的经验，将互联网网络和内容适当独立开来，设立各自独立的法律规范，由不同的部门针对网络和内容分别实施管理，分工配合，理顺管理职能，有效实行对互联网网络和内容的管理。

（二）重视对未成年人保护

欧盟从保护未成年人利益等角度出发，对互联网内容实行分级分类管理，并通过提倡自律、设立热线、技术过滤、对父母进行教育等多种方式避免未成年人受到来自互联网的侵害。尽管我国也在提倡让未成年人远离网络有害内容，也取得了较好的效果，但在具体的措施和方法方面仍需不断摸索，欧盟的这些做法无疑给我们提供了很好的借鉴。

（三）充分发挥民间组织的作用

欧盟在互联网管理方面非常重视非法律途径的作用，注重发挥企业自律和民间组织的作用。政府提供资金，由民间机构设立互联网热线，由民间组织进行互联网内容分类、监督互联网内容。为保障互联网产业的健康发展，避免过多的政府监管制约互联网的繁荣和创新，应积极借鉴欧盟的经验，更多地通过倡导行业自律和鼓励民间组织监督的做法，形成良好的互联网发展氛围。

（四）重视个人数据和隐私的保护

面对个人隐私在网络上的严重公开化，欧盟通过技术特别是法律的手段来加以防范，制定了《个人数据保护指令》。可喜的是，在各方的努力下，2012年12月28日，我国全国人大常委会通过了关于加强网络信息保护的决定，表明了立法机关向危害网络信息安全的行为"亮剑"。

五、进一步完善我国互联网管理体制的对策

职责分明、合作协调的互联网管理体制是维护互联网健康和谐发展的保障。作为社会公共基础设施，互联网的影响深入社会的各个层面和角落，互联网的管理也必须由政府主导，各职能部门各司其职，社会力量参与，国际组织通力合作，从而形成互联网管理统一大格局。借鉴芬兰等欧盟国家的互联网管理经验，结合我国实际，建议从以下几方面进一步完善我国的互联网管理。

（一）坚持依法管理，加快相关立法

首先，完善相关法律法规，进一步明确互联网管理的法律依据和管理主体的权利与义务。对互联网的管理关涉自然人、法人和其他组织的基本权利，监管机构的监管权限和监管行为有更明晰的法律依据。

其次，进一步明确各监管部门的分工和职责。在执法过程中，由于监管部门之间的权限和职责划分不清晰，往往会导致责任推诿和利益争夺。为实现日常性的高效监管机制，必须通过立法明确各监管部门的权限职责，做到分工明确、各司其职。

（二）加强资源整合，完善信息共享和协调机制

虽然互联网管理部门已相对较为集中，但仍需进一步加强统筹，整合资源，提高监管效率，降低监管成本。互联网的管理，尤其是网络信息安全的监

管，不能完全依靠政府部门，还需依赖涉及互联网的各企事业单位和社会公众共同努力。因此，应在政府相关管理部门互相沟通协调的基础上，建立起政府与企事业单位、社会公众之间的信息共享机制，通过政府和社会各界的共同努力，从而实现互联网的安全、可信。

（三）加强培训教育，壮大互联网管理队伍

互联网管理具有很强的技术性和专业性，同时也是一个管理对象日新月异的行政管理新领域。只有培养和储备必需且足够的互联网管理专业人才，才能使互联网管理能力及时、有效地跟进互联网的发展，实现互联网新业务和相应管理能力同步发展的良性局面。

（四）加强国际交流合作，推动互联网健康有序发展

各国互联网彼此相连，同时又分属不同的主权范围，这决定了加强国际交流与合作的必要性。要积极开展互联网领域的交流与合作，分享互联网发展的机遇和成果。同时，有效借鉴国外的成功经验，加强我国在制定国内互联网管理法律法规时的科学性和指导性。此外，还要积极参与到互联网国际规则的制定中去，争取获得更多话语权，从而使我国在推动互联网科学发展中处于更加有利的位置，为世界互联网的繁荣发展作出贡献。

第三部分　社会福利与公共服务

芬兰社会福利制度的构建及其借鉴意义

陈国栋

芬兰是经济高度发达国家，人均 GDP 高于欧盟平均水平。芬兰自然环境优美，水源清洁，生态环境和谐；芬兰人心态平和，生活节奏慢，生活品质高。芬兰在联合国人文发展指数（HDI）排名中，名列第 11 名；在全球最具创新力的国家排行中，芬兰位于第 2 名；在世界幸福指数调查的排名中，芬兰位列第 5 名。芬兰作为"北欧模式"代表国家之一，其社会福利制度的构建是建立在国家小、人口少、民族较单一的基础上的。尽管围绕芬兰等西方福利国家得失、前途命运的争论还在继续，尽管由于我国和芬兰在社会结构、历史经验和发展动力等方面不存在可比性，涉及社会发展战略的诸多重要因子如政府、市场、政党、企业、社会组织等有着不同的结构、性质和功能，因此无法简单照抄照搬芬兰福利国家发展模式，但是芬兰等福利国家中的"福利主义共识"以及对经济社会协调、和谐发展的追求理念值得我们思考和借鉴。

一、芬兰社会福利制度的主要特征和社会功能

芬兰的社会福利制度已经建立并实施了几十年，尽管"二战"以来，这套社会福利制度的若干方面经历过重大的变革，但基本框架依然存在。可以说，经济发展为芬兰社会福利制度的建设提供了坚实的物质基础，福利和保健支出占芬兰政府预算的大部分。芬兰社会福利立法为每个家庭及不同年龄的公民设立了保障尊严的基本生活条件，完备了老年与残障保险、健康、意外和失业保险等法规，多种家庭补助法案给予儿童和妇女生育的福利是全世界屈指可数的。

（一）主要特征

1. 广泛性

芬兰的社会保障体系分为三大部分：①预防性安全和健康政策；②社会和卫生服务；③社会保险。涉及从人的出生、婴儿时期到老年的全过程，从预防

疾病、事故，控制饮酒、抽烟开始，到实施基本免费医疗，从免费教育，到失业救济再到免费职业再培训，从儿童补助、单亲父母津贴到养老金支付和老人照料，等等，政府提供的福利是全方位的。可以说，经过多年的实践和发展，芬兰已经建立起一整套比较完善的国家福利制度。这套福利制度覆盖范围广泛，可以说，在芬兰的福利制度下，居民"从摇篮到坟墓"都会得到国家的关照，都由政府给予基本的保障。

2. 全民性

芬兰建立社会福利制度的宗旨，是建立起高水平的覆盖全体国民的保障体系。具体表现在三个方面：①维护全体国民的利益，每一个公民，包括国内原有居民和满足居住年限等有关规定的外来移民，都有权利享受相关的社会保障待遇；②保证公民平等，不依种族、阶级、阶层、性别的不同而区别对待，高收入者、低收入者以及无收入者均被融入同样的福利体系之中；③注重个人的权利，每一项资助或者服务，甚至是对家庭的帮助，也具体到每一个个人。"不让一个人掉队"是芬兰福利制度的最基本的目标，在这个目标下，现有居民无论是否曾被雇用，达到一定年龄均可领取养老金；每个家庭都能得到政府提供的育儿津贴，以减轻他们抚养孩子的负担；所有居民无论收入状况、社会地位及其他情况有何不同，均可得到尽可能好的医疗服务。应该说，芬兰和其他北欧国家的社会福利制度经历了多年的继承与发展，保障体系覆盖范围和福利标准已经发生了很大变化，但以维护全体公民的利益为基本原则这个核心没有改变，至今仍体现在养老金、医疗保健等社会公共服务的各个方面。

3. 强制性

芬兰在社会福利制度方面的法律体系非常健全，大到宪法、小到实施细则，各级政府通过有关立法，作为实施社会保障政策和措施的依据。宪法保障每一个公民的基本权益，而具体的法规明确每一种社会保障项目的目的、原则、标准和实施办法。无论是养老金还是医疗保健，都有一系列的法律条文，针对不同的保障对象作出不同的具体规定。例如，在养老保险方面，芬兰1937年颁布了《国家养老金法》，1956年对《国家养老金法》进行了重新修订，1961年颁布了《职工养老金法》，1970年出台了《个体从业人员养老金法》、《农场主养老金法》，2005年又对职工养老金方案进行了改革；在医疗保健方面，芬兰1972年建立了《基本卫生保健法》，1989年制定了《特殊医疗照料法》，1990年出台了《精神医疗保健法》，1992年又对社会福利和卫生保健收费制定了专门的法规。每一项法律法规的内容都十分具体，不仅规定了公民享受社会保障的资格和权利，也规定了实施社会保障措施的政府的责任和义务。上述情况表明，一方面，芬兰所有的社会福利领域，国家的介入都是强有力的。国家通过调节税收政策获得了强大的财政能力，使其得以将国民财富在不同社会群体之间进行再分配。另一方面，福利政策的强制性建立在社会政治民主的基础之上，任何福利措施的出台或修改，均需经过全社会不同利益群体之间的讨论、协商和取得共识，并以法律的形式加以确认。

4. 多元性

芬兰国家社会福利署主要负责全国的劳动和社会保障工作，而市政当局是芬兰社会福利政策的实施主体。市政当局是社会福利和健康服务的主要提供者，主要负责安排学校、社会服务和健康服务等基本社会保障。市政府可以从私营机构处购买服务，提供给辖区居民。中央政府和市政府都有征税权，市政府从中央政府得到补助，以确保向居民提供必要的服务。在芬兰，初级保健、专业医疗、儿童日托、老年人关怀、残疾人服务、社会援助和儿童福利共同构成了社会福利制度的基础。公共医疗是普遍的、基本的，私人服务是公共医疗的补充。应该说，长期以来，芬兰社会保障所需资金的筹措一直采取多元渠道，即由政府、雇主、个人和保险市场共同负担。不同级别的政府、雇主和被保险个人在社会保障财政来源中所占比例的不同，反映出他们在社会保障制度中所承担责任的差别。

（二）社会功能

芬兰福利国家制度的确立，经过了艰难的博弈与协调的过程。可以说，芬兰福利国家是依法建立的，是保障国民生活和社会稳定的机制，是政府社会政策集中体现和实行国民收入再分配的方式，在芬兰当代社会生活中发挥了巨大的功能。

1. 保障社会稳定

从芬兰等西方国家社会福利制度的起源来看，福利制度首先是统治阶级用以稳定社会的手段。社会福利制度的大规模发展是在20世纪30年代的世界性经济危机以后，当时，大危机造成大批工人失业，社会动荡不安，西方国家包括芬兰相继推行全面的福利制度，以社会改良取代社会革命。因此，这一由国家强制立法、统一管理并组织实施的福利制度大大改善了人们的生活状况，保障了大多数人的最低经济要求和社会需求，在一定程度上防止社会动荡、平息社会不满，起到缓解社会矛盾的"安全网"作用。同时，向社会成员灌输现存体制和价值观的合理性，减轻其对现有制度的离心力，从而为国家的经济发展和社会稳定提供了前提和保证。

2. 保障社会公平和自由

实现社会公平是人类追求的目标，芬兰把福利制度的实施作为公平分配的机制，通过国家立法，对由于年幼、年老、疾病、伤残、失业、死亡及其他灾难而引发的社会成员及其家属的生存困难，提供基本生活保障或帮助。目的就是在社会成员遭受困难时给予基本生活保障，消除后顾之忧，使其能再次积极参与公平竞争。同时，芬兰通过收入的分配和再分配调节社会成员间的收入差距，使之保持在一个适度的水平上，从而实现人们对社会公平的普遍要求。此外，社会福利制度具有普遍性，几乎惠及所有的公民。从生到死的保障增加了社会中下层阶层对失业、疾病等风险的抵御能力，有助于将个人从僵化的制度中解放出来，从而扩大了公民自我设计、自我选择的自由。

3. 保障劳动力再生产

社会成员作为个人，在一生中遇上老、病、死、伤在所难免，还可能遇上失业、意外伤害，影响身体健康和正常收入，从而制约高素质人力资源的再生产。社会福利制度使社会成员在遇到上述情况时，可以获得必要的物质支撑、制度支助、精神支持，使人力资源再生产得以顺利进行。例如，医疗保险提供医疗补贴和治疗服务；失业保险提供保险金和培训费，除保障失业者基本生活外，重新培训劳动技能以便再就业；女性工作者可以早日恢复工作能力。人力资源的再生产是社会再生产的基础，福利制度使得劳动者在遇到风险时，能减轻本人及家庭的经济压力，促进了劳动者的能力不断提高。另外，福利制度不仅在生理方面保证了劳动力的基本生活水平，提高了劳动力的身体素质，而且通过教育等手段提高了劳动力的文化素质。劳动者体力和脑力的增强，使劳动的效率提高了，劳动者寿命的延长，使他们能够从事劳动的期限延长了，从而保证了经济扩张时对劳动力的需求。

4. 保障经济社会的发展

根据一般规律，低收入阶层的消费潜力较大，其新增收入绝大部分能够转化为现实消费；而高收入阶层由于其阶段性消费已基本饱和，在新的消费热点尚未出现的情况下，其新增收入会在很大程度上转化为储蓄或其他金融资产。芬兰社会福利制度形成了一个巨大的、覆盖全社会公民基本生活需求的保障网络，居民家庭收入的很大一部分来自社会福利，使居民在生活上没有任何后顾之忧，从而可以当期消费甚至适度超前消费。在芬兰，大部分福利开支以政府转移支付的形式进入低收入家庭，在贫困家庭或个人较高边际消费作用下，这些支付的90%以上形成了社会购买力，使芬兰经济维持了一种较高的有效需求状态。因此，福利制度作为国家收入再分配的一种形式，对经济的发展能起到"稳定器"和"调节器"的作用，政府通过福利支出可以适当调节社会需求，刺激或抑制消费，适度的福利开支能推动经济发展。

第三部分 社会福利与公共服务

二、芬兰社会福利制度的构建对我国的借鉴意义

（一）努力构建与我国经济发展水平相适应的社会保障体系

芬兰社会福利制度的建立经历了一个逐步发展完善的过程，许多项目的建立与完善经历了比较长的时间。例如，芬兰的养老保险制度自 19 世纪晚期提出，直到 20 世纪 30 年代末才得以通过。养老保险、失业保险等都经历了一个从自愿参加、收入调查到义务性和统一性体制的长时间的过渡。我国是一个拥有 13 亿人口的大国，经济发展水平比较低，不可能在短期内建立起一个全面的高福利的社会保障体系。芬兰由自愿性向义务性过渡以及自愿性与义务性相结合的做法，以及满足公民基本生活需要和考虑社会可承受能力的原则，对我国的社会保障制度改革与发展有着重要的参考意义。此外，芬兰社会福利制度和社会政策改革的经验还表明，社会保障的范围、内容、规模必须严格控制在经济条件允许的范围内。如果随意提高福利支出比例，就会导致经济下滑，引起通货膨胀，最终使提高社会福利的期望落空。同时，由于社会福利特有的刚性，只能上升难于下降。因此，在界定社会保障的分配标准、程度和水平时，一定要从我国社会生产力水平低、人口众多、经济还不发达的国情出发，量力而行。坚持社会保障的内容随着经济发展由少到多，规模由小到大，循序渐进，稳步发展，使我国的社会保障制度逐步得到完善和发展，切不可与芬兰等西方福利国家的福利水平盲目攀比、急于求成。

（二）创新方式，积极探索承接政府公共服务的职能

芬兰的福利制度是在社会建设大框架下进行的，在社会制度建设中培育形成了发达的社会服务和社会参与机制，并建立起上下贯通、联系广泛的公共服务管理体制。芬兰的社会福利管理体系由国家社会福利署、各城市社会福利保障局、社会福利服务站（部）、众多社会团体、中介机构志愿者和社会服务组织组成。社会组织是市民社会活动的基本力量。同时，芬兰社会服务业十分发达，新增就业的 70% 在第三产业。各种非政府组织代表着不同的利益集团，有近一半的非政府组织与工会和职业性组织相关。这些组织用专业的人做专业的事，有力推动了政府社会保障和福利职能的落实。芬兰的经验表明，必须加强社会福利提供方式创新，大力发展和繁荣社会组织，承接政府公共服务职能。

当前，我国应重点抓好如下工作：一是要加快转变政府职能，把建设服务型政府作为职能转变的重点，着力提供面向劳动力市场的"民生性"服务、

促进社会事业发展的"公益性"服务、非竞争性领域的"基础性"服务、促进市场主体正常运转和创新的"主体性"服务。二是要改革公共服务提供方式,将原来由政府直接提供的公共服务,通过拨款或招标的方式,交给有资质的社会机构完成,并根据服务的数量和质量支付费用,即"政府承担、定项委托、合同管理、评估兑现"的新型公共服务提供方式,从而建立有效的公益服务和公共产品市场,引进竞争机制,各类机构进行公平有序竞争,促进公共服务市场化、社会化、分权化、专业化。三是要大力吸引民营经济进入公共服务行业。积极发展商业养老、医疗保险和社会慈善事业。四是要充分发挥社区服务在公共服务中的作用。社区服务与社会保障体制并进,建立完善的社区医院和社区卫生服务站、康复和抚养照顾中心,提供家庭入户照料和居家养老服务。同时,将儿童家庭服务、家庭护理服务、老人和残疾人日常照顾、家庭咨询服务等,全面纳入社区社会照顾服务内容。

(三) 完善机制,逐步实现基本公共服务均等化

"公平而合理的财富和收入分配"是芬兰的一个重要目标。在芬兰,公民们通过政府,用政府的支出来补充某些人的实际或货币收入,即通过政府的财政政策,主要是通过税收政策和福利支出政策,把国民收入不断增大的部分,从富人手中转给穷人,实行"有利于穷人"的国民收入再分配。芬兰的福利模式通过社会再分配机制和财政转移支付,成功地实现了城乡和区域的均衡分配。国际经验表明,当一个国家人均GDP达到1000~3000美元时,就进入了矛盾凸显期,有可能出现贫富悬殊、失业增多、城乡差距拉大和社会矛盾加剧等问题。对正处在这样一个时期的中国来说,人民群众公共服务需求不断增长与公共产品、公共服务供给不足以及公共服务的不到位,已成为制约经济社会协调发展的突出矛盾之一。

借鉴芬兰的经验,必须进一步改革社会分配制度,加快城乡统筹步伐,积极推进基本公共服务均等化。一方面,再造基本公共服务制度。要针对公民个体设计基础教育、公共卫生、社会事业、社会保障等基本公共服务制度,从制度上保证基本公共服务符合普适性和均等性,形成普惠全民、均等收益的基本公共服务制度。另一方面,完善公共财政制度。其中,公共支出结构的变化,反映着政府工作重心的变化。从芬兰等福利国家政府的公共支出结构看,随着经济发展阶段的上升,公共支出呈现四大趋势:①政府的经济性支出占公共支出的比重呈现出明显的递减趋势;②社会服务性支出占公共支出的比重呈急剧递增的趋势;③政府维持性支出占公共支出的比重呈明显的递减趋势;④在社会服务性支出内部,转移支付支出呈现出急剧上升的趋势。结合我国实际,政

府急需增加公共服务方面的支出，逐步提高社会性公共支出在公共财政支出中所占的比重，切实解决我国公共服务投入不足的问题。同时，要完善转移支付力度，增加中央财政对经济发展落后的中西部地区、农村地区的扶持力度，逐步解决地区之间、社会成员之间、城乡之间基本公共服务供给水平差距过大的问题，切实推进基本公共服务均等化。此外，还要健全专项转移支付资金使用规范，保证地方政府按统一规则使用基本公共服务资金，使地方无权改变基本公共服务资金用途。

（四）转变观念，切实改进社会教育的方式和思路

芬兰福利制度具有全覆盖、政府主导、体现平等、高税收等鲜明特征，福利的内容包含家庭保育、学生教育、失业救助、医疗及工伤保障、退休及养老服务、残疾人服务等。福利政策覆盖所有人群，无论是当地居民还是移民，也无论是常住人口还是临时居住。转移支付和社会服务的提供不需要经过财产审核，高收入者、低收入者以及无收入者均被融入同样的福利体系。这种模式创造的不仅是机会平等，而且是结果和尊严的平等，每一个公民都被平等地赋予体面生活、有尊严生活的权利。实际上，芬兰构建福利国家制度的过程，也是推广其社会教育的方式和思路的过程，他们通过政策引导人们自觉追求生活质量和社会质量，反对一切向钱看，从而缓解了社会物质利益的冲动，使国民不信奉强权或通过关系网获得优惠、优待和特殊利益，从而培育起了人民的社会公益心和公德心，以及遵守承诺和法制的精神。芬兰的经验证明，社会教育不仅在于思想的灌输和劝诫，更在于社会政策的调适。因此，我国要在社会政策的设计和制定上，注意从构建公平的分配制度、缩小收入差距、增强社会平等方面入手，大力倡导公平公正理念，以此营造良好的社会道德土壤，引导大众提高社会道德自觉，提升精神文明素质。

总之，芬兰的经验告诉我们，建立社会福利制度，可以有效地解决社会的贫富分化问题，可以有效地缓解社会的就业压力，可以重新调整劳资关系，还可以建设良好的社会治安。因此，我们要切实转变观念，努力让我国的社会福利制度从改革的边缘走到改革的舞台中心，成为构建和谐社会的主体性社会制度。

参考文献

[1] 王云龙，陈界，胡鹏. 福利国家：欧洲再现代化的经历与经验 [M]. 北京：北京大学出版社，2010.

[2] 高鹏怀. 历史比较中的社会福利国家模式 [M]. 北京：中国社会出版社，2004.

[3]（德）克劳斯·奥菲. 福利国家的矛盾［M］. 郭忠华，等译，长春：吉林人民出版社，2011.

[4] 陈乙南. 北欧普遍主义福利国家的经验和启示［J］. 学理论，2009（13）.

[5] 熊跃根. 中国福利体制建构与发展的社会基础：一种比较的观点［J］. 经济社会体制比较，2010（5）.

后 记

中共广东省委、省人民政府高度重视公务员境外培训,把境外培训作为深化改革开放、提高治理水平、提升公务员推动改革发展能力的重要举措。广东省公务员公共管理芬兰专题研究班是广东省公务员培训的品牌项目,在国家外国专家局、广东省财政厅、广东省外国专家局等部门的大力支持下,芬兰培训项目由广东省人力资源和社会保障厅、广东省人民政府外事办公室主办,中山大学与芬兰公共管理学院承办。

第六期广东省公务员公共管理芬兰专题研究班于2012年5—7月举办,培训采取国内和国外培训相结合、理论教学与政策研讨相结合、课堂讲授与专题讨论相结合等灵活有效的方式进行。在中山大学培训期间,中山大学组织了公共管理方面的专家为研究班讲授涉及公共管理、公共政策、政策创新等方面的14门课程,并邀请校内外权威专家就中国政治发展、北欧福利制度、中国土地政策、环境治理等问题作专题讲座。培训期间,学员以小组讨论、学员论坛等形式对所学知识予以总结,并将理论知识结合具体问题进行分析。在芬兰公共管理学院培训期间,重点学习芬兰国家公共管理的体制机制、运行模式、政策措施及成功经验等。培训期间,学员们利用课堂教学与研讨、图书馆查阅资料、网络搜索与交流、实地教学等学习资源与机会,积极向芬兰的教授专家求教,取得了良好的学习效果。

按照培训要求,每位学员在培训结束后提交一篇相关专题研究论文。论文涉及社会创新与发展、社会政策和公共管理等各个方面,学员充分结合各自的工作实际,借鉴芬兰的有益经验,对我国以及广东省改革开放进程中面对的诸多公共管理具体问题进行了积极的思考,对转变观念、提高公共服务意识、提高自身公共管理与服务的水平和能力等问题进行了分析和探索。

本期论文集由广东省人力资源和社会保障厅(广东省公务员局)综合管理与培训处、中山大学政治与公共事务管理学院组织编辑。由于时间仓促,本论文集难免有粗疏之处,请各位指正。

2015年8月